守護霊メッセージ

# 能年玲奈の告白

「独立」「改名」「レプロ」「清水富美加」

Ryuho Okawa
大川隆法

# まえがき

ＮＨＫの朝ドラ「あまちゃん」で有名になり、国民的ヒロインになった、能年玲奈《のうねんれな》さんの守護霊メッセージによる「告白」である。

頂点まで祭り上げて、その後、地面にたたきつけるというのは、日本ではよくある光景である。日本社会にある、よく言えば「平等」感は、客観的に言えば、底意地《そこいじ》の悪い「嫉妬心《しっとしん》」である。根強い村《むら》意識感覚が、若者の成功を許さず、執拗《しつよう》に嫉妬心をかき立てるのである。

ましてや所属する事務所の社長に、構造的嫉妬で奴隷的《どれいてき》に縛《しば》り上げられる若手女優の涙は、見るに忍びないものがある。

若手女優の清水富美加《しみずふみか》さんの出家に、お手製《てせい》の契約と賠償金《ばいしょうきん》でしめ上げようとしている闇《やみ》の手が、すでに犯したもう一つの罪を、本書は世に公開するものである。

二〇一七年　二月二十日

幸福《こうふく》の科学《かがく》グループ創始者兼総裁《そうししゃけんそうさい》

ニュースター・プロダクション（株）会長《かいちょう》　大川隆法《おおかわりゅうほう》

守護霊メッセージ　能年玲奈の告白

「独立」「改名」「レプロ」「清水富美加」

目次

# 守護霊《しゅごれい》メッセージ　能年玲奈《のうねんれな》の告白
# 「独立」「改名」「レプロ」「清水富美加《しみずふみか》」

二〇一七年二月十五日　収録
東京都・幸福の科学総合本部にて

「霊言現象《れいげん》」とは、あの世の霊存在の言葉を語り下ろす現象のことをいう。これは高度な悟《さと》りを開いた者に特有のものであり、「霊媒現象《れいばい》」（トランス状態になって意識を失い、霊が一方的にしゃべる現象）とは異なる。

また、人間の魂《たましい》は原則として六人のグループからなり、あの世に残っている「魂のきょうだい」の一人が守護霊《しゅごれい》を務めている。つまり、守護霊は、実は自分自身の魂の一部である。したがって、「守護霊の霊言」とは、いわば本人の潜在《せんざい》意識にアクセスしたものであり、その内容は、その人が潜在意識で考えていること（本心）と考えてよい。

なお、「霊言」は、あくまでも霊人《れいじん》の意見であり、幸福の科学グループとしての見解と矛盾《むじゅん》する内容を含《ふく》む場合がある点、付記しておきたい。

# 守護霊《しゅごれい》メッセージ　能年玲奈《のうねんれな》の告白

## 「独立」「改名」「レプロ」「清水富美加《しみずふみか》」

二〇一七年二月十五日　収録

東京都・幸福の科学総合本部にて

能年玲奈《のうねんれな》（一九九三〜）

女優。兵庫《ひょうご》県出身。二〇〇六年、第10回ニコラモデルオーディションでグランプリを受賞し、芸能界デビュー。二〇一〇年、映画「告白」で女優デビューを果たし、二〇一三年前期のＮＨＫ連続テレビ小説「あまちゃん」ではヒロイン役に抜擢《ばってき》され、テレビドラマ初主演を務める。二〇一四年の主演映画「ホットロード」で第38回日本アカデミー賞・新人俳優賞ほか数多くの賞を受賞。二〇一六年からは「のん」名義で活動中。

質問者　※質問順

松本弘司《まつもとこうじ》（幸福の科学専務理事 兼《けん》 メディア文化事業局長
兼 映画企画《きかく》担当 兼 ＨＳＵ講師）

綾織次郎《あやおりじろう》（幸福の科学常務理事 兼「ザ・リバティ」編集長 兼 ＨＳＵ講師）

栩坂明日美《とちさかあすみ》（幸福の科学メディア文化事業局職員）

［役職は収録時点のもの］

# 1　元レプロ所属の能年玲奈守護霊《のうねんれなしゅごれい》に
## スピリチュアル・インタビュー

ドラマ「あまちゃん」で「国民的ヒロイン」になった能年玲奈

大川隆法　今日（二〇一七年二月十五日）は、能年玲奈《のうねんれな》さんの守護霊《しゅごれい》の霊言《れいげん》を収録してみようと思っています。

この方は、昨年、名前を「のん」と変えていますが、彼女の守護霊は、最近、私のところによく話をしに来るようになっています。いろいろと意見を言いに来られるので、一度、公開で話をされたほうがよいのではないかと思っています。

能年さんが所属しておられた芸能事務所は、「レプロエンタテインメント」という、今、話題の事務所なので、（女優・清水富美加《しみずふみか》さんの「出家《しゅっけ》」をめぐって）現在起きているいろいろなことについて、関心があるのも当然のことかと思うのです（注。『芸能界の「闇《やみ》」に迫《せま》る　レプロ・本間《ほんま》憲《たかし》社長　守護霊インタビュー』（幸福の科学広報局編、幸福の科学出版刊）参照）。

　そういうことで、一回、ご意見を聞いてみてもよいと思います。

　ただ、それに関する話だけでは足りないと思うので、女優としての考え方やあり様《よう》についても訊《き》いてみたいとは思っています。

　彼女が出演した作品で、みなさんがたぶん知っておられるのは、やはり、ＮＨＫの連続テレビドラマの「あまちゃん」（二〇一三年）でしょう。彼女はそれで有名になったので、みなさんもよくご存じなのではないでしょうか。

「あまちゃん」は、東日本大震災《だいしんさい》で三陸《さんりく》地方が大きな被害《ひがい》を受けたあと、「村おこし」も兼《か》ねてつくられたドラマだと思います。「鉄道と、海に潜《もぐ》る女性である海女《あま》

芸能界の「闇」に迫る
レプロ・本間憲社長
守護霊インタビュー
女優・清水富美加が所属していた芸能プロダクションの驚くべき実態。
幸福の科学広報局 編

清水富美加《しみずふみか》の休養の霊的背景に迫る。『芸能界の「闇《やみ》」に迫《せま》る　レプロ・本間《ほんま》憲《たかし》社長　守護霊《しゅごれい》インタビュー』（幸福の科学広報局編、幸福の科学出版刊）

とを組み合わせて描《えが》き、何とか復興の手伝いができないか」という感じでつくられたものではないかと思われます。

主人公を演じた能年さんは、天真爛漫《てんしんらんまん》なキャラで、二十歳《さい》ぐらいには、もう、「国民的ヒロイン」と言われるようになっていたと思います。

## 映画「ホットロード」で不良の彼女役に挑《いど》み、芸幅《げいはば》を広げる

大川隆法　彼女の出演作で私が知っているものには、三木孝浩監督《みきたかひろかんとく》の映画の一つである、「ホットロード」があります。

これについては、「ちょっと難しかったかなあ」とは思います。能年さんが演じたのは、湘南《しょうなん》の暴走族の次の総頭《そうあたま》、ボスになる人の「彼女」になる役です。家庭が複雑で、「お母さんが結婚《けっこん》したがっている今の人は、自分のお父さんではない」と

映画「ホットロード」
（2014年公開／松竹）

いうことで、家を出たがっている少女で、「十四歳の中学生」という設定です。二《は》十歳《たち》前後で十四歳の役をやっておられるので、すごいものです。

「オートバイを走らせる暴走族のドンになる人の彼女役」ということで、少しイメチェン（イメージチェンジ）を図《はか》ったのかもしれません。「あまちゃん」で付いたイメージとは違《ちが》うイメージの役を演じて、芸幅《げいはば》を広げたかったのではないかとも言われています。

もっとも、その映画で主役になること自体は、「あまちゃん」の前に、もう決まっていたのかもしれません。

この作品の原作はマンガで、原作自体は二十年ぐらい前のものらしいのですが、テレビ番組や映画にすることを原作者は許可していませんでした。ところが、原作者が「能年さんが演じるのならよい」と言ったため、映画化の話が進んでいたようです。

レプロのほうとしては、おそらく、「暴走族のドンに惹《ひ》かれる少女」「家庭に問題がある、不良の彼女」という役をやらせて、芸幅を広げさせようとしたのではないでしょうか。

　ただ、彼女は、ああいう天真爛漫キャラなので、「キスシーンや濡《ぬ》れ場、あるいは殺人犯等の犯罪者の役などを拒否《きょひ》する」という姿勢を取り、契約《けいやく》か何かのときに、「『そういうものはしたくない』というようなことを言ったため、干《ほ》されたのではないか」と噂《うわさ》されてはいます。

## 映画「海月姫《くらげひめ》」で演じたのは「クラゲに興味のある少女」

大川隆法　また、彼女が出ている映画として、私は「海月姫《くらげひめ》」も覚えています。
　彼女が演じる主人公は、クラゲに非常に興味のある少女として育ち、土地が再開発される地区にある、オンボロアパートに住んでいます。そこに

映画「海月姫《くらげひめ》」
(2014年公開／アスミック・エース)

はニート風の女性たちがたくさん住んでいるのですが、政治家に立ち退《の》きを迫られているのです。

そこで、何とか立ち退き反対運動のようなものをやろうとして、そのオンボロアパートの広間で、「ファッションショーをやる」というようなことを企画《きかく》します。クラゲのイメージとも重なる、〝クラゲファッション〟のようなものをつくって、新しいブランドを立ち上げ、立ち退きを阻止《そし》しようとするのです。

これも、たぶん、マンガが原作かと思います。非常に変わった作品です。

相手役は、男性と言えば男性なのですが、「女装して女性よりもきれいになっている男性」なのです（笑）。

その役を演じた人（菅田将暉《すだまさき》）は、最近では、「溺《おぼ》れるナイフ」（二〇一六年公開）という映画で、小松菜奈《こまつなな》さんと共演し、金髪《きんぱつ》で、何か少し特殊《とくしゅ》な能力を持っている青年として出てきています。

小松さんが演じる主人公は、東京でモデルとして成功していたのに、田舎《いなか》に引っ越《こ》します。そのロケ地は和歌山県《わかやま》です。しかし、そこにいられなくなって、去っていくのです。そのような物語だったと思います。

それは、自我が揺《ゆ》れているところを描いた映画ですが、それに感心する人も、しない人も、両方ともいるでしょう。

その映画で小松さんの相手役をやっていた方が、映画「海月姫」では、女装し、女性たちのなかに紛《まぎ》れ込《こ》んで、ファッションショーに出たりしていました。そういう変わった役もやっていたのです。

## 映画「この世界の片隅《かたすみ》に」の声優を務めて受賞

大川隆法　能年さんの作品で最近知られているのは、「この世界の片隅《かたすみ》に」（二〇一六年公開）というアニメ映画です。去年の終わりごろから上映され、今も上映されているのではないかと思うのですが、広島に原爆《げんばく》が落ちた、あの悲劇を描いたものです。

彼女は、その主人公の声優として、「のん」という名前で出演し、「声優デビュー」ということで売りました。デビューでもないのかもしれませんが、実写にはなかなか出られないらしいので、声優として出て、賞も受賞されました。

どこの賞かは忘れましたけれども……。

会場の男性　高崎《たかさき》……。

大川隆法　高崎の賞でしたかね？　何かをもらいましたよね（注。「第31回高崎映画祭」でホリゾント賞、「第38回ヨコハマ映画祭」で審査員《しんさいん》特別賞を獲得《かくとく》した）。

もちろん、「あまちゃん」でも賞をもらっていますし（注。「東京ドラマアウォード2013」と「第78回ザテレビジョンドラマアカデミー賞」で、それぞれ主演女優

映画「この世界の片隅に」
（2016年公開／東京テアトル）

賞を獲得した）、「ホットロード」でも、「第38回日本アカデミー賞」の新人俳優賞等をもらっています。

また、数は少ないのですが、トーク番組にも出ています。ただ、観《み》た感じでは、あまり話は上手《じょうず》ではないようでした。言葉に詰《つ》まり、何秒か言葉が出てこないことが多いようだったので、女優のほうが向いているタイプの方なのではないかと思います。

## レプロからの独立運動で干《ほ》され、本名が使えず「のん」に改名

**大川隆法**　彼女は、それ以外の作品にもいろいろと出てはいるようですが、「天国」と「地獄《じごく》」を両方とも経験されたようです。二〇一三年ごろは「国民的ヒロイン」だったのですが、二〇一五年ごろにレプロからの独立運動を起こして、完全に干《ほ》され、テレビや映画などに出られなくなってしまいました。

「そうとう厳しい世界なのだなあ。まるで、抜《ぬ》けるのは無理な感じの、ヤクザの

世界のようだ」と思うのですが、彼女は抵抗《ていこう》運動をかなりやっておられたようです。「能年玲奈」は本名なのですが、レプロとの関係で本名が使えないため、彼女は、最近、とうとう、「のん」という名前を使い始めました。「ノン」はフランス語だと「non《ノン》」、英語だと「no《ノー》」だと思いますが、こういう名前に変えて声優として出て、賞をもらったりしているので、彼女を応援《おうえん》する人もいるのだろうと思います。

「この世界の片隅に」という映画では、監督が、「声優としては、この人しかいない」という感じで、彼女を名指しで使ったそうです。

去年の映画では、「君の名は。」というアニメが有名なのですが、「この世界の片隅に」は、賞としては、それを押《お》さえ、邦画《ほうが》部門でベストワンになったようです（注。映画「この世界の片隅に」は、「第90回キネマ旬報《じゅんぽう》ベスト・テン」の日本映画部門で第一位に輝《かがや》いたほか、「第38回ヨコハマ映画祭」「おおさかシネマフェスティバル2017」等でも日本映画部門で第一位、また、「第71回毎日映画コンクール」では日本映画優秀賞・音楽賞・大藤信郎賞の3つの賞を獲得した）。

## 日本には、〝奴隷契約《どれいけいやく》〟がまかり通っている暗黒社会がまだある

大川隆法　芸能界は、いろいろと難しい世界なのでしょう。夢を持って、十代のかわいい子たちが集まってくるのでしょうが、仕事をしていると、難役《なんやく》もあれば、（芸能系の）社会の厳しい掟《おきて》のようなものもあったりして、大変なのでしょう。

今、独立して、「のん」という名でやっているのですが、それでも、まだレプロ社のホームページには、「能年玲奈」という名前が載《の》せられていて、彼女が所属していることになっています。こんな話は、ほかには聞いたことがないのですが、日本には、〝抜け忍《にん》〟になることができない、まことに不思議な社会があるらしいのです。

私が昔、在家《ざいけ》時代にいた会社でも、私は「辞《や》められない」と言われていましたが、それでも、会社との契約《けいやく》では、「辞職願《ねがい》」を出して十五日たったら自動的に辞められるようにはなっていたので、最終的には、辞職を止《と》められないことにはなってい

たのです。

それは当たり前の権利です。日本国憲法下では、「転職の権利」も「職業選択《せんたく》の権利」もあります。「一生、ほかのところに出られず、職業を決められない」という、人間から自主権を奪《うば》うような、そういう契約は、日本国憲法下ではあってはならないのです。そういう〝奴隷《どれい》契約〟があってはならないはずです。

能年さんは今、「のん」という名前で活動していますが、まだ、レプロに所属していることになっていて、「その間、仕事を休んだから、その休んだ分だけ、自動更新《こうしん》で契約期間が延びていくのだ」と言っている人もいるようです。それでは、永遠に逃《に》げられない、「地獄のすり鉢《ばち》」のような状況《じょうきょう》です。

「こんなことがまかり通っている暗黒社会がまだある」ということを知ったほうがよいと思います。

これに似たものは、昔の奴隷売買の時代か、あるいは、飢饉《ききん》で売られた東北の農家の娘《むすめ》を風俗《ふうぞく》で扱《あつか》うようなところで起きることか、そうした例外的なところぐらいしかないとは思います。あとは、昔、イギリスで炭鉱労働等が問題になったときなどにも、そんなところはあったかもしれません。

ちなみに、かつて日銀総裁や大蔵大臣《おおくらだいじん》、首相等を務めた高橋是清《たかはしこれきよ》も奴隷として売られた経験があり、留学のつもりでアメリカに行ったときに何かの書類にサインをしたところ、身売りされたといいます。その後も、銀山の開発で騙《だま》されたこともあったようです。

そういう時代もあったのですが、それはほとんど一八〇〇年代ぐらいまでのことなので、二十一世紀でもまだそのような「闇社会」があって、それがマスコミの裏側で縛《しば》っているようなことがあるらしいというのは、非常に残念なことです。

## 能年玲奈の守護霊を招霊《しょうれい》し、その本心を訊《き》く

大川隆法　のんさんは今でも清純な感じの方でありますので、おそらく、実際に本人が思っていたことと、いろいろと言われていることとは、だいぶ違うのではない

かというように思います。

それに対しては、多少の同情の声は出しつつも、みな、怖《こわ》くてなかなか応援し切れないという感じではないでしょうか。

彼女の守護霊が私のところにもよく来るようになっているのですが、どちらかといえば、「助けてほしい」ということで来ているような感じです。

「幸福の科学あたりで助けられないようでは、もう、助けられるところはありません」ということのようで、私もそう思います。当会がこのあたりの人権擁護《ようご》をできないようでは、もはや、日本では、してくれるところがないでしょう。

今、表面的にはいろいろ騒《さわ》いではいますが、テレビ等で騒いでいる方々も、みな、どこかのプロダクションに所属していて〝紐付《ひもつ》き〟でありますので、あとで発言がすべてチェックされるような関係になっているのかもしれません。

そういったことも背景にしつつ、この人自身にも芸能系の意見が多少はおありでしょうから、どういう方なのか、もう少し調べてみたいと思います。

本日は、守護霊として最も来るべき人が来ているという感じがするので、ついでに、どのように評価しておられるのかも訊《き》きたいところです。

では、よろしくお願いします。

それでは、女優の能年玲奈さん、最近では「のん」という名前で出ておられる能年玲奈さんの守護霊をお呼びいたしまして、幸福の科学総合本部にて、思っておられることなど、みなさんに明らかにしていただければ幸いかと思います。

女優・能年玲奈さんの守護霊よ。

女優・能年玲奈さんの守護霊よ。

どうか、幸福の科学総合本部に降りたまいて、そのご本心を明かしたまえ。

（約二十秒間の沈黙《ちんもく》）

## 2　能年玲奈はやっぱり「天然キャラ」

招霊《しょうれい》されたという状況《じょうきょう》をきちんと理解していた能年玲奈守護霊

松本　能年玲奈さんの守護霊様でいらっしゃいますか。

能年玲奈守護霊　そうです。

松本　ここがどういうところであるかは、ご存じでしょうか。

能年玲奈守護霊　あっ、はい、はい。

松本　あっ、もうご承知なんですね。

能年玲奈守護霊　はい。

松本　こちら、幸福の科学の総合本部にお出《い》でいただきました。

能年玲奈守護霊　うん。はい。はい。

松本　今日は、どうもありがとうございます。

今は、「のん」さんという芸名で活動されているわけですけれども、芸能界では本名を名乗ることさえできないという、まあ、本当に理不尽《りふじん》な状態に置かれて苦しんでおられると思います。

アニメ映画「この世界の片隅に」の初日舞台挨拶に登場した「のん」。

能年玲奈守護霊　（笑）そ……、そうですねえ。

松本　しかし、ここはですね、そういう世界とは違《ちが》って、自由で安全な場所でございますので。

能年玲奈守護霊　ああ、そうですか。安全……（笑）。

松本　今日は、心の声、本音をお聞かせいただければと思っております。

能年玲奈守護霊　は、はい……（笑）。

松本　先ほど、「守護霊様ですか」とお訊《き》きしましたら、「そうです」とおっしゃいましたが、守護霊であるという認識は……。

能年玲奈守護霊　はい、持ってます。はい。

松本　お持ちなんですね？

能年玲奈守護霊　はい、持ってます。はい。

松本　分かりました。それでは、「あの世」や「霊」ということも……。

能年玲奈守護霊　はい、分かってます。分かってます。はい。

松本　ああ、それは、それでは話が早いですね。

能年玲奈守護霊　十分、十分、十分、分かってます。はい。はい。

松本　分かりました。話が早いですね。

今日は、所属されていた事務所、レプロ等、芸能界の闇《やみ》の部分に関しての、能年さんの心の声をお聞かせいただきたいのですが。

能年玲奈守護霊　はい。

松本　その前に、女優である能年玲奈さんのことについて、ちょっとお伺《うかが》いしたいと思います。

能年玲奈守護霊　はい、はい。

「天然キャラで、何にでも通用するようなタイプではないんです」

松本　しばらく仕事ができない状態でいましたが、昨年公開されたアニメーション映画「この世界の片隅《かたすみ》に」でヒロイン役の声優をされました。

能年玲奈守護霊　はい。はい。

松本　ただ、はっきり言って、〝小さな映画〟といいましょうか、もともとは小規模の映画ではあったんですが、能年さんがヒロイン役をされたこともあって、口コミで評判が広がり、予想をはるかに上回る大ヒットとなりました。

能年玲奈守護霊　はい、はい。ええ。

松本　ＮＨＫの「あまちゃん」といい、今回のこの件といい、「能年さんは本当に〝持ってるな〟」と思うんですね。

守護霊様は、この「女優・能年玲奈の魅力《みりょく》」はいったいどのへんにあるとお考えでしょうか。

能年玲奈守護霊　うーん、まあ、天然キャラなんですけどね。天然キャラで……、何にでも通用するようなタイプではないんです。うん。それはもう、自分でも認めているので。

ただ、その天然キャラのよさを、できるだけ生かしたいなあとは思ってるんです。それで、うーん……、やっぱり、自分に合わないものはあると思うので、自分でできるところまではできるし、「役者としての幅《はば》を広げたい」という気持ちも、もちろん、ないわけではないんだけど、やっぱり、どうしてもできないものもあることはあるので。

「ホットロード」みたいな、「暴走族の総頭《そうあたま》の彼女になる」という役であれば、それは、キスシーンぐらいはなければおかしいと思うんですけど、まあ、そういうものでも自分的には拒《こば》むというようなことを、ちょっと実行してしまったので。だんだん、そうした〝ダークな部分〟も演じられることが女優としての当然の義務なんだと考えてるような人たちから見れば、自分は能天気《のうてんき》に、クラゲみたいに（笑）、プカプカ浮《う》いてるような存在で、何にも生産していないみたいに見えていて、少し〝締め上げ〟が要るのかなあと、業界的にはそういうふうに見られて。まあ、天然なだけなんですけども、そうとだけは見てくれなくて、持ち上げられた分の反作用はあって。うーん……、何て言うかなあ、「大人から見たら生意気《なまいき》だ」っていうような意見でしょうかね。

「二十歳《はたち》やそこそこで、大人がやってるショービジネスの厳しさが分かるのか」っていうようなことで、「黙《だま》って言うことをきけ」という感じは多かったのかなあと。

だから、純粋《じゅんすい》な世界を求めても、「そんなものがあるか。命じられた役は何でもやれ」っていうような感じは、やっぱりありましたねえ。まあ、年を取ればできることもあるのかなあとは思うんですけどもね。

でも、うーん……、自分としては、イメージもありますので、できるだけ「清純派」でいきたいなとは思うし。まあ、いけた人もいますからね。吉永小百合《よしながさゆり》さんみたいな、清純派でいけた方もいらっしゃいますから。自分としては、できればそんな感じでいきたいなとは思ったけど、だんだん、そういう演技だけでは許してくださらないことも多くて。

それが、「いろんなものを演じてこそ、芸達者と言われるんだ」ということでしょうかね。

まあ、「アクションものぐらいはこなせるぐらいになりたい」という気持ちはあったんですが、多少、反応がのろいので、若干《じゃっかん》、そうとうトレーニングというか、指導を受けないと無理なところもあったんですけど。そういう意欲がないわけではなかったんですけど、〝自分のよさ〟を生かせるうちは生かしたいなという、まあ、そんな感じですかね。

## 3　レプロ側にあった「見込《みこ》み違《ちが》い」

### 純真な姿を「偽善《ぎぜん》」と受け取る一部の大人たち

松本　今、一部の大人から「生意気《なまいき》だ」と見られているというような話もありましたけれども……。

能年玲奈守護霊　はい、たぶんそうだと思う。

松本　ただ、同じ大人でも、芸能界のなかでも、今、「天然」と言われていたような能年さんの魅力《みりょく》を出したいという人もいるのではないでしょうか。本当に素直《すなお》な心で一生懸命《いっしょうけんめい》に仕事をする、一生懸命に準備をする、真剣《しんけん》に向かっていく姿など、そのよさを出したいと思っている、ファンとでもいいましょうか。同じ業界のなかでも、彼女のことを、「そこが素晴らしい」と言う人もいるんですよね。

能年玲奈守護霊　うーん。

松本　ある一部の人たちが、一方的に、「それは生意気だ」と言うかもしれませんけれども、「どちらが能年さんを女優としてより生かす道なのか」ということだと思うんです。

能年玲奈守護霊　まあ、「そんなに、いい作品ばかりがない」というのもあるんでしょうけどね。

小説でも、そんなきれいな小説ばっかりあるわけでもなく、マンガだって、それはきれいなものばかりでなくてですね、小説やマンガから映画とかもつくられますので、「そんなに選べるような立場じゃないんだ」っていうことなんでしょうけどね。「とにかく、とりあえず、もう言われたことをやれ」という感じで見られたのかなあと思うんですが。

「じぇじぇじぇ」が流行《はや》って、その年（二〇一三年）の流行語大賞か何かになったとしてもですねえ、それを素直に、そのまま、「じぇじぇじぇ」で喜んでくださる方もいるけれども、大人たちの一部のなかには、「そんなのは、仮面を被《かぶ》ったいい子ぶりっ子であって、本当はそんなんじゃないだろうが」という感じかな。「自分の欲望や名誉心《めいよしん》や競争心みたいなのをもっと剝《む》き出しにしてやってみろ」っていうような感じのことを思っている方はいて……。

まあ、そういう純真な姿は「偽善《ぎぜん》」というふうに、本能的に感じる方もいらっしゃるのかなあ、とは思っております。

●じぇじぇじぇ　岩手県・北三陸地方の方言で、驚いたときに発する言葉。2013年4月1日から同年9月28日まで放送されたＮＨＫ朝の連続テレビ小説「あまちゃん」のなかで、主人公をはじめとした登場人物たちが使って話題となり、2013年のユーキャン新語・流行語大賞の年間大賞に選ばれた。

## 「あまちゃん」出演は事務所の想定外だった？

松本　もし、そのように本能的に考える方が、事務所のほうに、あるいは自分の上司のほうにいて、「言うことをきけ」と言われると、これはなかなかつらいものがあると思うんですね。

やはり、女優・能年玲奈の「天然のよさ」を引き出そうとするのではなくて、「自分の言うことをきけ」ということを中心にやっているようにも感じられるんですけれども、そのあたりは、どのように感じられましたか。

能年玲奈守護霊　いや、それは（苦笑）、二十歳《はたち》とか、二十一、二ぐらいでそんなことを言うと、「百万年早い」って言われるんですよね、ほんとね。もう、そういうふうに言われるので。「おまえは吉永小百合《よしながさゆり》か」と。「おまえは原節子《はらせつこ》か」って。まあ、そういうふうに言われるわけで。「それだけの実績ができてから言え」ということでして。「仕事を取ってくるのは大変なんだ」というようなことですかねえ。だから、取れた仕事は何でも割り振《ふ》って、「働くように」というふうに進められるということですかね。

松本　ただ、NHKドラマの「あまちゃん」にしても、レプロという事務所は、本当は別の女優を推《お》していたそうですね。まあ、こう言ってはなんですが、能年さんは当て馬的に出て、オーディションを受けたかたちになりました。ところが、そのよさがとても気に入られて、実際にドラマもヒットして、多くの国民がそれを支持したわけです。これは紛《まぎ》れもない事実ですよね。

能年玲奈守護霊　それは、ほんとに見込《みこ》み違《ちが》いがあったと思うんですよ。「ホットロード」っていうのは、先ほども言いましたが、家出した不良少女みたいな感じで、湘南《しょうなん》の暴走族の人の彼女になる役なんですけども。それは、「あまちゃん」より前に事務所のほうが話を進めていたので。

だから、事務所のほうのイメージから見れば、そちらのほうに持っていきたかったのが、ＮＨＫのほうの「あまちゃん」にたまたま出てしまったために、「あら、こんなキャラだった。あと、もう使えるところがない」というようなところでしょうかねえ。

まあ、そういうふうに見られたんじゃないかなあと思いますね。

松本　ご本人の立場からすると、これはかなりつらいと思うんですね。本来、女優を志して、自分の魅力を発揮して、人を喜ばせようというかたちで、その世界に入られたと思うんですが、その本来の姿と違うことを強要されたことになるのではないでしょうか。守護霊様は、どのようにご覧になっていましたか。

能年玲奈守護霊　だから、イメージ的には、「あまちゃん」みたいに海に潜《もぐ》ってやったり、町や村を元気づけたりするようなね、そんな役は、自分としては非常にうれしかったたし。

それから、「海月姫《くらげひめ》」みたいなのでも、クラゲに夢中の少女で、まあ、純粋無垢《じゅんすいむく》な感じの象徴《しょうちょう》ですよね。美しいものに惹《ひ》かれて、ドレス等をつくって、ブランドみたいなのをやっていく。あぶれている女たちが力を合わせて、何か立ち上げようとして、自分たちの存在の意味っていうのを見つけようとするようなのは、まあ、大したヒットではないかもしれないけど、そこそこできないことはなかった役かなあとは思いますけども。

うーん、それから先に来るものが、なんか、どんどんどんどん、〝厳しい役柄《やくがら》〟だったら……。

まあ、神経も、鍛《きた》えれば太くなるのかもしれませんけれども。

「いい子ぶるなよ」という言い方をよくされるんですけど、心が擦《す》れてくる年齢《ねんれい》は、人それぞれ違うんだと思うので。

いや、年齢がもうちょっと行けば、いろんなことを知って、擦れてきて平気になるのかもしれないけども、私なんかは、やっぱり、ナイフを持って人を殺したりする役はしたくはないので。いくら何でも、食い詰《っ》めても、そういう仕事はあんまりやらせてほしくはないなと思います。

## 「天然キャラ」の存在を許せないと思っている大人たち

松本　「いい子ぶるな」ということですけれども、「いい子ぶっているのではなくて、本当にいい子だったらどうするのか」ということだと思うんですね。

能年玲奈守護霊　いや、そういう「いい子」が存在すると信じていない男の大人たちがたくさんいるんです。「今、現代には、そういう人は存在しないんだ」と。「それは、〝ぶって〟いるだけで、存在していない」って思ってるんですね。「おまえは、そう見せたいだけだろう」っていう。

松本　ああ……。だから、「そんなことでは芸能界で生きていけないんだ」と。

能年玲奈守護霊　うん。「生きていけない。そんなきれいな世界じゃないんだ」と。「おまえら、水族館のクラゲみたいな気持ちでお姫様をやってるつもりでいるかもしれないけども、実際はそんなんじゃないんだ。芸能界っていうのは、泥濁《どろにご》りの、公害の時代の神田川《かんだがわ》みたいななかで生きてるんだ」という……。まあ、今はきれいになってますけどもね、「神田川か、神通川《じんづうがわ》か、何か知らないけど、そういう、公害時代の泥川のなかで生きてるのが芸能界だ。そんなもんなんだ」と。まあ、そういうことで。

不況《ふきょう》が、今、ちょっと来てるらしいので、映画界とか、そのへんにも。だから、もっともっと役を選べなくなって、「何でもやらなきゃ駄目《だめ》なんだ」っていうふうな感じに、今、なってきてますね。

松本　芸能界ですから、まあ、いろいろな方がいていいと思いますし、さまざまな個性の方がいていいと思います。そういう役ができる人も、悪《わる》の役ができる人もたくさんいたほうが、芸能界は面白《おもしろ》いとは思うんですけれども。

能年玲奈守護霊　うん、うん、うん。

松本　ただ、「いい子が存在できない」というのは、やはり、ちょっとおかしいなと思います。

能年玲奈守護霊　信じられない、そういうのは。「『天然キャラ』って言って、嘘《うそ》じゃない天然キャラとして存在すること自体が許せない」っていう感じみたいですね。〝ぶる〟のは構わないんです。〝ぶりっ子〟は構わないんですけど。〝ぶりっ子〟

はいいんで。演技で〝ぶりっ子〟するのは構わないんだけど、天然キャラでそういうのが存在するっていうか、「透明《とうめい》な海に潜って、アコヤ貝を採ったら、そこに真珠《しんじゅ》が光ってた」みたいなのは、「一回観《み》たら、もう結構」っていう感じの大人が、わりに多いんですよね。

松本　それは、あまり美しい世界ではないですね。

能年玲奈守護霊　だから、芸能界に竜宮城《りゅうぐうじょう》のような、竜宮界のような世界を望んでいる人たちにとっては、ちょっと……。

まあ、全部がそうとは言いませんけど。違うところもあるし、扱《あつか》われ方も違いがあろうと思うんですけども。

うーん……、抜《ぬ》け出していけば、特別に扱われるのかもしれませんがねえ。それは、どうなんでしょうかねえ。松嶋菜々子《まつしまななこ》さんみたいな方だったら、「役を選んで、受けないものは絶対受けない」みたいな強さがあるけど、そこまではそう簡単には行けないいし。広末涼子《ひろすえりょうこ》さんとかにも、そんなにひどい役はたぶんやらせられないだろうと思うし。今だったら、武井咲《たけいえみ》さんなんかも、あんまりダーティーな役を持っていくことは許されなくなってきてるんではないかと思いますけども。

とにかく、若い年代のうちは選べないで、例えば、「いろんなものをローラーみたいに潰《つぶ》させる」っていうのが訓練の基本みたいに思ってる方もいる。

まあ、そう思ってない方もいらっしゃいますよ。そう思ってない方も、もちろんいらっしゃいます。本当に、美人の、うーん、事務所としても「それだけでやっていきたい」とか思っているような人もいるし、哲学《てつがく》を持っておられて、そういう芸術文化を発信したいと思っているような方もいらっしゃるようには聞いていますので、全部が全部とは思いませんけれども。

ただ、競争で厳しく淘汰《とうた》されるあたりにいるところでは、なかなかそう言えないような感じはございますね。

## 二十歳《はたち》前後までの人には基本的人権がないと思っているのか

松本　女優という仕事には、例えば、私たちも言っている「憑依《ひょうい》型」であるとか、その人のさまざまな持ち味や出し方があるんですけれども、「天然キャラ」というのも、一つの大きな魅力だと思うんですね。

能年玲奈守護霊　ええ、ええ。

松本　要するに、「素材そのものの魅力を引き出していく」ということだと思います。

「天然キャラ」というと、「あまり努力しないで、何もしない」というようなイメージも多少あるかもしれませんが、実は、能年さん本人はそうじゃないですよね。

共演される方の過去の作品等をしっかりと観てから現場に来るなど、非常に地味な努力をされる方だと聞いています。

つまり、「天然」といっても、「努力をしない」という意味ではなくて、その女優としての持ち味、魅力の出し方のことだと思うんです。

そのあたりは、守護霊様としては、能年さんという女優の魅力をどう引き出していくべきか。どうすればいちばんよいというふうに、ご覧になっているのでしょうか。

能年玲奈守護霊　うーん、まあ、「憑依型」という言われ方をされましたけれども、私も、何て言うか、天使・天女《てんにょ》型の方の憑依なら受けられるんですけども、この反・・・・・・・対側の者の憑依を受けるのはできないタイプなので。その役割が回ってくると、やっぱり、ちょっと受け付けられなくなってくるので。まあ、全面憑依ができる方もいらっしゃるんでしょうけども、どうしても受けられないので。

だから、「天然」といっても、やっぱり、自分にかかってこられるものの範囲《はんい》が決まっているので。どうしても受けられないものは、受けられないのかなあという感じですかねえ。

松本　やはり、女優の方も大勢いらっしゃいます。「一人の女優が何でもかんでも全部やるのがいい」という考えもあるかもしれませんが、「こういう役をやらせたら、この人に敵《かな》う人はいない」というかたちの生き筋《すじ》もあるかと思うんですね。

そのへんは、どのようにお考えでしょうか。

能年玲奈守護霊　だから、「あまちゃん」みたいなのでヒットしたっていうのは、「国民的ヒロイン」とか言われても、「こんなの、まぐれ」と思われているわけでして。「若くてピチピチで、かわいいうちに、たまたま作品が当たってブレイクしただけだ。その時代背景がブレイクしただけで、そんなの、ほかの人だって当たってるかもしれないし、自分の力じゃないんだ」っていうような、そういう考えのようで。

実際は、「ブレイクなんかしそうにもないような作品で、努力してブレイクさせたら、実力だ」と。「ブレイクして当然のようなところに出てブレイクしたところで、実力ではないんだ」と。まあ、こういう大人の見方もあるわけで。

特に、二十代前半、二十歳《はたち》前後は、基本的人権がないのは、そのとおりだと思います。本当に「ない」と思います。

## 4　独立騒動《そうどう》の背景には何があったのか

### 芸能界における「選ぶ側の驕《おご》り」

松本　今、「基本的人権」という言葉が出てきました。まさに、所属されていたプロダクション……、まあ、今もしていることになっているんでしょうか。その不思議なプロダクションのレプロですけれども、独立もさせてくれないし、かといって、仕事もさせてくれないですよね。

能年玲奈守護霊　干《ほ》されてるんで……。

だから、今言ったように、「『仕事はこんなのしかできない』って言うけど、そんな仕事はないから、干す」というだけですね。

干したら、仕事も、収入もない。「働いてないから、働くまで自動的に契約《けいやく》はずっと続く」というような感じで、「ほかのところから仕事をさせない」っていうことですよね。

松本　（苦笑）

能年玲奈守護霊　だから、これは完全に、向こう（レプロ側《がわ》）が、「主体性はこちらのほうにあるのであって」という考えですよね。

まあ、私が大女優になれば違《ちが》うのかもしれませんが。それは、昔で言えば、美空《みそら》ひばりさんとか、そんなレベルとか、まあ、いろいろあると思うんです。そういうふうになれば、もっと言えるようになるのかもしれませんけど。

だいたい、オーディションなんかやると、もう、数千とか数万とか、いっぱい受けてきますから。そのなかから選ぶあれですから、「もう、代わりなんかいくらでもいるんだ」っていうような考えでしょうかね。

だから、今、AKBみたいなのでも、そんなの何十人もやって、もう〝溢《あふ》れて〟しまって、ほかのところも、名古屋《なごや》（SKE48）だの、難波《なんば》（NMB48）だの、欅《けやき》坂《ざか》だの、乃木坂《のぎざか》だの、いっぱいいつくるぐらい増やさないと、もう入り切らない状態ですからね。

「一人、二人消えても、入れ替《か》わっても、どうってことない。いくらでも交替《こうたい》があるんだぞ」っていうような、「選ぶ側の驕《おご》り」みたいなものはあるんじゃないですかねえ。

松本　やはり、それは感じられますよね。実際にそういう目に遭《あ》って、「仕事もさせない、名前も使わせない、自由にもできない」というのは、ほとんど奴隷《どれい》と一緒《いっしょ》だと思うんですけれども。

能年玲奈守護霊　ええ、ええ、ええ。

松本　昔は、女衒《ぜげん》という人たちが、東北の娘《むすめ》たちを引っ張ってきて、売りつけていました。娘たちに証文《しょうもん》を見せて、「この証文にあるんだから、言うことをきけ」と言うような人たちが、江戸《えど》時代にいたそうです。そのようなことを想起してしまうんですけれども。

能年玲奈守護霊　だからね、本当は、芸能界自体は、「家庭環境《かんきょう》が悪くて、実は経済的に苦しい人で、顔つきとか外見がいいタイプ」を手に入れるほど自由に動かせるので、そういうタイプがよくて。あんまり「お嬢様《じょうさま》育ち」で、経済的にも苦労していないような人は、必ず仕事を選《よ》り分けるので、そういうタイプのほうは、あんまり得意ではないんですよね。

## 事務所が決めた「型」に入らないと干《ほ》される

綾織　実際に独立の意思を示されたあと、レプロの社長と、かなり、やり取りをされていたと思います。

能年玲奈守護霊　ハア……（ため息をつく）。

綾織　先ほどのお話のなかにも、「百万年早い」とか、「何でもやれるのが女優なんだ」というような話もありましたけれども、かなりきつい言い方をされたというふうに伺《うかが》っています。

実際には、何があったのでしょうか。

能年玲奈守護霊　うーん、だから、「生意気《なまいき》」、もう、「とにかく生意気」ということでしょう？　「潰《つぶ》して、向こうの思うように『型』に入れられないと、女優じゃない」っていうことでしょう？　押《お》し寿司《ずし》。もう、回転寿司のつくり方かと思います。

綾織　ああ。

能年玲奈守護霊　「形《かたち》に入れたら、それが出てくる」っていうので、そういう形に入れたがるんです。「いや、私はこうなりたい」と言っても、なかなか、そうはいかないっていうか。契約なんかも、「契約を、こう変えてくれ」なんていうのは、すっごく生意気なんですよね。そういうふうに取るんですよね。

それで、すごくしつこいんです。その恨《うら》みみたいなのがずっと続くので。嫌《いや》がったり、キャンセルしたりして、「その仕事はしない。したくない」とか言うと、そのあとは、「干《ほ》してやる」「替わりなんかいくらでもいるんだぞ」っていうような感じ。事務所を通さないと仕事をくれなかったら、「おまえなんか干《ひ》ぼしにするのは簡単なんだぞ」みたいな感じなんですよねえ。

「月給五万円で、最低限の生活しか送れていなかった」

綾織　これが実際に始まったのが、ドラマ「あまちゃん」の撮影《さつえい》が終わった、そのすぐあとで……。

能年玲奈守護霊　そうそうそう。

綾織　「生意気だ。事務所に対する態度を改めろ」というような話があり、そこから、仕事がグーッと絞《しぼ》り込《こ》まれていったという経緯《けいい》があります。

能年玲奈守護霊　それを訴《うった》えたら……、訴えたっていうか、まあ、一部、週刊誌とかに実情を訴えたら、「掟《おきて》を破った」っていうことで、余計に言われて。
まあ……、実際、でも……、何でしょうか。朝ドラで主演なんかをしてる女優さんはみんな、普通《ふつう》は、少女たちの憧《あこが》れでしょうから、「成功したら、すごいんだろうなあ」と思われるような女優さんが、そんな、月給五万円ぐらいしかもらっていないなんていうのは、ほんと、信じてくれない。たぶん、嘘《うそ》を言ってると思われて、みんな、「もう、何億も稼《かせ》いでるんだろうなあ」ぐらいに思うんだろうけど、そんなことはなくて、五万円ぐらいで。
事務所のほうが「全部あてがってる」と言ってるけど、最低限の生活ですよね。

綾織　はい。

能年玲奈守護霊　うん、「人間として生きている最低限の生活」というぐらいのことで。

あなたがたの常識で言えば、いろんなものに出るから、当然、服とかもいっぱい支給してくれるんだろうなというふうに思うでしょうけども、そんなの、五万円の給料のころに服なんか支給されるわけもなく、「それは自分でやれ」っていう。

要するに、「名前を売って有名にしてやるんだから、そんなもの、親なり親戚《しんせき》なり、どっかから調達してこい」っていうような感じですかね。

綾織　ああ、なるほど。

能年玲奈守護霊　「娘を有名にしてやったんだから、お金ぐらい出せ」というようなな、そんな感じなのかなあと思います。

「下着も買えなかったのは、ほんとですよ」

松本　「あまちゃん」の撮影中は、下着も買えなかったという……。

能年玲奈守護霊　そうなんですよ。そうなんですよ。

松本　本当ですか。

能年玲奈守護霊　ほんとですよ。だから、お金がなくてね。先輩《せんぱい》とかに借りなきゃお金がなくて。

「(生活の面倒《めんどう》等を見て)やってる」って言うけど、すごくケチで。まあ、それが、ほかの事務所も一緒なのかどうかは知りません。似たようなところも、たぶんあるだろうと思うから、そういうところの方々は、今は黙《だま》らされていらっしゃるでしょうし、おそらく、もうちょっと気前のいい事務所もおありになるんだろうと思いますが。

だけど、入るときには、みんな、それがよく分からないし、オーディションに受かったりするのは、たいてい、十代の半《なか》ばか前半が多いので。それで、何にも分からない人は、「所属しているうちに……」っていう感じに、だんだんなっていきますのでね。

だから、「おまえの個人的な能力で成功なんかできやしないんだ。事務所の力でやっているんだ」みたいな感じの〝洗脳〟を、事務所のなかでは、ずいぶんやられ続けますね。

で、実際、私みたいに独立しようとしたら、完全に干し上げるっていうことで、ほかに〝抜《ぬ》け忍《にん》〟が出ないように見せしめるっていう。これで芸能界全体に対して圧力を加えていくっていう、まあ、そういう業界ですよねえ。

松本　悪質な「いじめ」ですね。

能年玲奈守護霊　いじめですよ。ほんとは、マスコミがいじめ体質を持っていらっしゃるから、いじめ事件がいっぱい起きてるんじゃないかと思いますけど。

マスコミ自体が、体質的にそういうところを持ってるから。表のニュースでは、「政治家とかの悪を糾弾《きゅうだん》する」っていうかたちにはなっていますけれども、それ以外のところで言えば、「個人攻撃《こうげき》」っていうのは、いつもやっているので、そういう体質自体は持っているんじゃないかなあというふうには思います。

まあ、私は経営者の悩《なや》み自体はよく分からないので、それほど厳しいものなのかなあとは思ったりもするんですけれども、うーん……。何だか、こう、お金を稼ぐのも責任を取るのも、女優とかタレントのほうで、事務所のほうは、責任を取らないで、うまく立ち回っているように見えなくはないです。

## 5 「清水富美加《しみずふみか》の休養・出家《しゅっけ》報道」に思うこと

「何とか応援《おうえん》したくて、涙《なみだ》が出て……」

綾織　能年さんと同じくレプロ所属となっていた清水富美加《しみずふみか》さんが、現在、国民的にかなり話題になっています。休養されて、出家《しゅっけ》をされるという流れになっているわけですけれども、これについては、どのように思われていますでしょうか。

能年玲奈守護霊　ええ、もう、それはねえ、何て言うか、ニュースを知ったときに、もうほんとに涙《なみだ》が出て……。

綾織　ああ。そうですか。

能年玲奈守護霊　もう……、何とか応援《おうえん》したくて、「何とかしてあげたいなあ」っていう感じでして。「そうでしょうねえ」って。

あの方は器用な方だから、いけるのかなあというふうに、私は思ってたんです。私は不器用だから、もうできないけど、あの人はすごく頭の回転が速いし、人の気《け》配《はい》を察知したり読んだりして合わせるのがすごくうまい方で、マルチな方なので、「ああ、これだけのあれでもこなせるのかなあ」と思ってはいたんです。

ただ、今年になってから……、去年、今年と、かなり仕事が厳しくなってきているはずなので、「どうなのかなあ」というふうには思っていたんですけど、(ニュースが)出てきて、「やっぱり、そうなのかあ」と。「〝落第生《らくだいせい》〟は私だけじゃないんで、よかった」と思って……(笑)。

綾織・松本　(笑)

能年玲奈守護霊　ちょっとすみません。悪い、悪い、悪い言い方で。「私だけじゃないのかなあ」って。「やっぱり、ほかの人でも嫌《いや》なのかなあ」というふうな感じは受けましたねえ。

〝人を喰《く》う映画〟は「私でも人格が崩壊《ほうかい》する」

綾織　清水さんには、能年さんとまさに同じことが起こっていたわけで、「何でもできるようにならないといけないんだ」ということで、ある意味、極端《きょくたん》な役柄《やくがら》を仕事として持ってこられたわけですね。そして、清水さんは、いったんはそれを受けてみたものの、現実はかなりきつかったということかと思います。

能年玲奈守護霊　うーん、まあ、（清水富美加の）今年の予定を見せていただいても、いや、私も、（やるのは）全部〝駄目《だめ》〟ですねえ。

綾織　ああ。

能年玲奈守護霊　ああ、基本的には無理です。ちょっと無理だと思いますねえ。だから、うーん……、いやあ、無理ですね（苦笑）。

綾織　うーん。

能年玲奈守護霊　ええ、うーん、まあ……。マンガの世界ではね、いろんなものがありえるとは思うし、みんな本気にしない面も一部あるけど、人の心を毒すところは、やっぱり、あるとは思うんです、それを実写で人間が演ずるとなってきたらね。

マンガのなかで人を食べようとね、人肉《じんにく》を食べようと、そういうのは、「うわあ、汚《きたな》いな、グロテスクだなあ」と思って遠ざければそれで済むけど、実写で人間がそれを演じるところを観《み》たら、青少年への影響《えいきょう》とかその他は、やっぱりありますからねえ。それは、やってる役者さんのほうも、精神的に人格が崩壊《ほうかい》する可能性は、そうとうあると思います。

私、絶対に崩壊しますから。そもそも無理だと思いますけど、それに耐《た》えて、こなしておられたっていうのは、「すごいなあ」と、「すごいキャパだなあ」と思ってはいましたですけど。

うーん……、やっぱり、そういう宗教とかに目覚めておられたっていうのを聞いて、なんか、すごくうれしい気持ちを受けました。

綾織　そうですか。

## 芸能界は、「死にたい」とか正直に言えない世界

綾織　実際に映画の役柄を演じているときには、ある意味、没頭《ぼっとう》していて、何とか

やり切れるかもしれないのですけれども、さらにそれをPRしていく仕事もあります。

これも、かなりきつい仕事だと思うのです。でも、事務所は、「その仕事は絶対にやらないといけないのだ」というように、動かなかったわけですよね。

能年玲奈守護霊　うーん……、だから、このへんは難しいところでしょうねえ。うーん……、まあ、確かに、力関係の問題もあるんだろうとは思いますけどね。弱みを見せたら、完全にそこを押《お》さえられるので。

事務所は、いろいろ管理をしているようでいながら、所属しているタレント等の弱みを握《にぎ》ってますから、同時に。

「管理する」と同時に「弱みも握っている」ので、そういう独立運動とか、何か反抗《はんこう》的な姿勢を見せたら、「弱みのところをリーク（漏洩《ろうえい》）するぞ。それを流して揺《ゆ》さぶるぞ。おまえの生命を終わらすぞ」というようなことを、同時にやれるんですよ。

綾織　ああ。なるほど。

能年玲奈守護霊　だから、本当の悩《なや》みとかですねえ、体調が悪かったり、精神的に追い詰《つ》められてたり、ほんとは「死にたい」とか思っていても、本当に正直には話ができないところはあって。

よっぽど善良な方が察してくれれば言うことができるけど、芸能界っていうのは、その意味で、確かに競争が激しいところですので、弱みを見せたら、付け込《こ》まれて、追い落とされて、ほかの者に取られるみたいなところがあるので、誰《だれ》一人心を許すことができない世界ではあるんですよ。

綾織　お二人とも、まさにそういう状態だったわけですね。

能年玲奈守護霊　ええ。まあ、「そういうのを越《こ》さないと本物になれない」って言うんだったら、頂点を極《きわ》める方っていうのは、よっぽど鉄の皮のようなものを被《かぶ》ってる方か、最初からお姫様扱《ひめさまあつか》いされてきたような方以外にはないでしょうかねえ……。

「清水富美加《しみずふみか》さんは私より大人」という印象

綾織　清水富美加《しみずふみか》さんが、まさに象徴《しょうちょう》的なコメントをツイッターに書かれています。「力ある大人の怖《こわ》い部分を見たら、夢ある若者はニコニコしながら、全てに頷《うなず》くようになる。そんな中ですり減って行く心を守ってくれようとしたのは、事務所じゃなかった」と。

能年玲奈守護霊　清水さんって、すごく頭がいい方なんですねえ。

綾織　ああ。頭がいいですか。

能年玲奈守護霊　そんな表現ができるんですねえ。すごい。大人ですねえ。かなり大人ですねえ。私なんか、そういう表現はちょっとできないですね。

綾織　ああ、そうですか。

松本　能年さんならどのように表現されますか。

能年玲奈守護霊　え？　私？　「私、こんな役、嫌《いや》なの」（笑）。

綾織・松本　（笑）

能年玲奈守護霊　「できません」って（笑）、そう言うから、余計に生意気《なまいき》でしょうねえ。

でも、大人ですよね、言い方がねえ。すっごく大人な言い方ですよね。だから、すごいですねえ。やっぱり、さすがだねえ。すごいですねえ。うーん。

綾織　ある意味、そういう気持ちをずっと心のなかに溜《た》めたまま、半年間、一年間、あるいはもっと長い期間、仕事をされていたということですよね。

能年玲奈守護霊　うーん。うーん、大人ですねえ。大人なんだと思います。だから、キャパは、たぶん、私なんかより十倍以上あるんだと思いますけれども。

それでも、ちょっと、何て言うか……。やっぱり、今、テレビとか新聞とか週刊誌とか、いろいろと扱われているのを見れば、いわゆる「公人扱《こうじんあつか》い」されてるわけですから。もう、プライバシーのない、公人扱いをされているわけですから。そういう扱いをされるような立場に立ったんなら、事務所の側も、それなりの対応をしなければいけないいんじゃないでしょうかね。

そういう、「表向きはそうで、裏は違《ちが》う」、「裏は奴隷《どれい》、表は女王」みたいな感じには、そう簡単にはいかないいんじゃないでしょうか。

「新垣結衣《あらがきゆい》さんの本当の姿はよく分からない」

能年玲奈守護霊　ある意味では、私も、新垣結衣《あらがきゆい》さん、ガッキーさんに憧《あこが》れて入ったんですけども。ガッキーさんの本当の姿は、まあ、私もよくは分からないいんですが……、もしかすると、あの方は、多くの人の人気を取りながら、ツルンとしていて、引っ掛《か》かりのないタイプの方なんじゃないかなあっていう気がしますね。

だから、そのへんの「距離《きょり》の取り方」が絶妙《ぜつみょう》で、〝入《はい》れない〟んじゃないでしょうか。

綾織　ああ。

能年玲奈守護霊　何か、「剣道《けんどう》の間合い」みたいに、一定以上は入れない感じの、ツルンとした間合いがあって、一定以上は、心をまったく許してないですよね、あの方を見たら。

（新垣結衣は）みんなに親しみを受ける演技をなされて、人気はあるけど、でも、どこかちゃんと距離を取っていて、一定以上の間合いには入らせないところを持ってて、見せないですよね。要するに、「心を隠《かく》す」っていう意味で、何重にも隠しておられるような気がするので。

それは、生まれつきの才能なのかもしれませんが、そのツルンとしたところによって、逆に、事務所側がいろいろ言おうとしても、ツルンと跳《は》ね返されるというか。そういうところが、多少あるのかもしれない。

私みたいなのは、「ただのバカ」っていう感じで、パカーンと頭の上をやられて。富美加さんみたいな方は、たぶん、ある程度合わせて、「はい、分かりました。やります。一生懸命《いっしょうけんめい》、やります！　すごい仕事です。いい仕事です！」って言って、合わせてやっていって、いっぱいいいっぱいまで行って、限界が来たときに、何か現象が起きてくるっていう方なんじゃないでしょうか。

# 6　俳優・タレントたちが置かれる芸能界の現状

## 「牢獄《ろうごく》から逃《のが》れる自由は、当然あるはず」

綾織　もし、今の時点で、清水《しみず》さんに何かアドバイスを頂けるとしたら、それは、どういうものでしょうか。

能年玲奈守護霊　頑張《がんば》ってもらいたい。頑張っていただきたい。これは、やっぱり……、あのねえ、「牢獄《ろうごく》から逃《のが》れる自由」はありますよ。犯罪を犯《おか》したのでなければ、逃れる自由はあります。

それに、職業を続けるにしても、そこの場が合わないのなら、ほかの職場に移ることは……。まあ、もし、囚人《しゅうじん》でないならね？

綾織　ええ。

能年玲奈守護霊　囚人なら、「待遇《たいぐう》改善をして、向こうの独房《どくぼう》に移せ」とか、「もうちょっといい独房に移せ」とかいうことは言えないかもしれません。

ただ、囚人でない、自由人の大人なら、やっぱり、同じ仕事をするにしても、自分に合ったところを選ぶ自由はあります。人間なら、当然にありますよね。

綾織　はい。

能年玲奈守護霊　そういう、〝奴隷扱《どれいあつか》い〟されているか、あるいは、天皇陛下《へいか》が退位できなくて困ってるのと同じなのか、ちょっと分かりませんけども……、世の中には、自由にならない職業があるらしいということですよね。

だから、私は、芸能人だって、事務所はたくさんあるんですから、「替《か》わる自由」があるべきだと思うんです。

「みんなで一緒《いっしょ》に連帯して、〝縄抜《なわぬ》け〟を禁止するために、お互《たが》いに談合する」っていうのであったら、これは、ほんとに個人を護《まも》れない状態になりますよね。

綾織　はい。

能年玲奈守護霊　ただでさえ、それでも、こぼれ落ちていく者がいっぱいいるから、見殺しにしてるんだろうとは思いますが、そういう「消耗品《しょうもうひん》の世界」なんだと思うんですよ。

綾織　なるほど。

能年玲奈守護霊　どんどん落ちこぼれていって、食べられなくなって、アルバイトをしながら、最後、きつくなってやめていくわけですけど、落ちこぼれていく人に対しては、ものすごく冷たいですから。歯を食いしばれなければ、「落ちこぼれたんだ」ということで。

まあ、それにも一定の効果はあって、そういう競争の激しい社会だから、「いいもの」が残るので……。

例えば、「野球選手もそうだ」とか、「歌手もそうだ」とか、あと、おそらく、「株屋さんなんかもそうだ」とか言うんでしょうけど。ノルマをあげられなかったら、やめていかなきゃいけない。そういう世界なのかもしれないとは思うんですけども。

ただ、人によってちょっと違《ちが》いがあるので、うーん。もし、「所属しているところが違う」と思うんなら、まあ、野球選手でも、ほかのところへ行って活躍《かつやく》したりもできますからね。「組み合わせ」によっては、できる場合もありますから。

そうではなくて、「いったん出ようとしたら、その業界から完全に干《ほ》す」みたいなのは、ちょっと……。今どき、そういうのはあんまり聞いたことがないので。たぶん、ヤクザとかは抜けられないのかもしれないなあとは思いますが。あるいは、麻薬《まやく》とかを取り引きする密売人のグループなんかに入ってるような人が抜けようとしたら、東京湾《わん》に死体が浮《う》かぶことになるのかもしれませんけれども。まあ、一般《いっぱん》には、どの職業にあっても、社長だって辞められるし、総理大臣だって辞められるんですから、それは、どうなんでしょうかね。うーん……。

## 世間体《せけんてい》を考えて〝待遇《たいぐう》改善〟をしたレプロ

綾織　事務所側には、「レッスン代なり、住居費なり、いろいろな投資をしているんだ。それを回収するまでは、ずっと働いてもらわないと困るんだ」という言い分があるとは思います。

ただ、一般社会でも、新入社員を雇《やと》って投資をして、教育をしますが、「どこの時点で回収できるのか」というと、かなりの年数がかかるわけです。
だからといって、芸能界で聞くように、ずっと奴隷的に拘束《こうそく》しないといけないのかというと、やはり、それは違うなと思います。

能年玲奈守護霊　今、コンビニで働いても、月に二十万ぐらいは稼《かせ》げるんじゃないですか（苦笑）。たぶん、年収二百万から三百万は稼げるでしょう。

綾織　はい。

能年玲奈守護霊　「（月給）五万」っていうのは、主婦のアルバイトの最低額を下回ってるかもしれないぐらいですからね。
まあ、「それ以外の費用がかかる」といっても、「その他大勢、全部」ということなら、そうでしょうけども、一定以上の作品とかに出てるんなら、それ応分の判断はあるんじゃないでしょうか。

私がやめてから、レプロも待遇《たいぐう》改善をして、（報酬《ほうしゅう》の割合を）「従業員は一、会社側は九」、「一対九ぐらいで、一割ぐらいはくれるようになった」、「よくなった」という声が、ほかの方から寄せられているので、「以前は、それ以下だった」ということですね。

綾織　うーん、すごいですね。「一対九」であっても、ビジネスとしては不当なのかなと思いますが。

能年玲奈守護霊　まあ、吉本《よしもと》（興業）がそうらしくて、それで、お互いに笑い話にされてるようですけど。それよりきつかった時代が長くて。私がこうなってからあと、（レプロは）世間体《せけんてい》を重んじて、少しだけ、一対九ぐらいになって、それから、清水富美加《ふみか》さんぐらいのレベルになったら、月給がやっと二十万台になるっていう。

綾織　うーん。

能年玲奈守護霊　会社は、おそらく、「億」の単位で儲《もう》けてると思いますけど。普《ふ》通《つう》の会社でいくと、新入社員か二年目ぐらいの給料額で最低やって、あと、時折ブレイクするものがあったら、「ボーナスをちょこっと出すか、出さないか」を判断して。その年によって決めるっていうあたりだと思いますけどね。

綾織　二十万円台の月給とボーナスというかたち自体が、「会社の言うことをきけ」と言っている構造そのものだと思うんですよね。

「レプロの二面性」を批判する能年玲奈守護霊

綾織　先ほど、清水さんへのアドバイスもありましたけれども、守護霊様が、事務所側、レプロ側に何かおっしゃりたいことがあるとしたら、何でしょうか。

能年玲奈守護霊　今、私も、この二週間ぐらいは、幸福の科学周辺によく来て、ずっと〝観戦〟してるんですけども（笑）。

綾織　ああ、そうですか。

能年玲奈守護霊　「どういうふうになるかなあ」と。「私と同じになるか、ならないか」を見ているんですけれども。

うーん……。まあ、会社のほうは、通り一遍《いっぺん》なことをいつも、まあ、弁護士が言って、昨日《きのう》、社長さんが出られて、何か、「清水さんの意向をすべて尊重して、紳士《しんし》的にやってる」みたいなことを言って……。

綾織　はい。そのようなコメントを出しました。

能年玲奈守護霊　それなのに、同じ日に、清水さん個人には、「十七億八千万の損害賠償《ばいしょう》をもらうぞ」みたいな脅《おど》しをかけて、「アメ」と「ムチ」を、両方同時にやってますよね。

綾織　ああ、そういうことですか。

能年玲奈守護霊　だから、外には〝仏の顔〟を見せて、内側では、本人を金銭で〝脅して〟、あぶり出して、出させようとしてるんでしょう？　でも、払《はら》えるわけないよね。だって、もらってないもん、そんなに。

綾織　そうですね。

能年玲奈守護霊　お金、そんなにもらってないので。

みなさん、女優さんって、毎年何億もの収入があって、お金が余ってるように思ってる方がいっぱいいいるだろうし、まあ、一部、そういう方もいらっしゃるんでしょうけども。

ただ、大手の会社がＣＭとかで払ってるお金は、事務所には入ってるかもしれませんけども、本人には入ってませんから。完全に入ってない。月給制ですから、入りませんから。そういうふうに、豊かなわけではないので。たぶん、払えるわけのないお金を要求して、外側には、「いや、『本人がやりたいようにやったらいい』というような感じの方向で進めてる」みたいな言い方をされる。ああいうふうな二面性を持ってやるっていう。

こういう言葉は使いたくないけども、「人間として、こんなことであっていいんだろうか」と思うようなところがありますね。やっぱり、〝奴隷契約《けいやく》〟の考えが、ずっと残っているんじゃないですかねえ。
しかも、まあ、今回は、「もっともっと儲けられそうだ」っていうことへの執着《しゅうちゃく》が、向こうにすごくおありのようですから、うーん、それが……。だから、「(清水富美加を)三十歳《さい》まで縛《しば》りつけたら、あと幾《いく》ら儲けられるか」って、そろばんを弾《はじ》いてる。

綾織　ああ。

能年玲奈守護霊　たぶん、計算はすごく速い方なんだろうから。そろばん弾いてやるから、「働かすことができたら、将来、稼げるであろう量まで乗せたい」というところは、たぶんあるんじゃないでしょうかねえ。

# 7　これからの芸能活動で実現したいこと

## 「多くの人に夢や希望を与《あた》えるような仕事がしたい」

栩坂　同《おな》い年の女優さんとして、以前から応援《おうえん》させていただいておりました。

松本　（栩坂は能年と）年が同じなんですよ。

能年玲奈守護霊　ああ、そうなんですか。女優さんかと思いました。（女優）ですか？

松本　ニュースター・プロダクションの……。

能年玲奈守護霊　ああ。じゃあ、女優さん？

栩坂　いえ。私は、ニュースター・プロダクションの職員として……。

能年玲奈守護霊　スタッフ？

栩坂　はい。スタッフとして、仕事をさせていただいています。

能年玲奈守護霊　ああ。それは、もったいないですね。女優で出られるべきなんじゃないですか。もったいない。

栩坂　いえいえ。あのー、先ほどから、守護霊様のお話をお伺《うかが》いしていて、「きれいなものを護《まも》りたい」という思いで、女優業をされていらっしゃるのが、すごく伝わってきました。ご自分のなかで、芸能に関してのあるべき姿とか、ポリシーみたいなものはお持ちなのでしょうか。

能年玲奈守護霊　うーん。まあ、私、頭はそんなによくないので、それをうまく言葉で表現はできないんですけども。「できるだけ多くの人に、夢や希望を与《あた》えるような仕事がしたいな」という気持ちは、まず最初にあるし。

あとは、「恵《めぐ》まれない人たちを勇気づけたり、多少でもお助けできるような仕事ができたらいいなあ」と思っています。

例えば、アメリカなんかでも、女優さんなんかで成功なされたような方には、そういう、チャリティー的なこととか、親を亡《な》くした子供さんを引き取られたりとかしてる方もいらっしゃるし。

私も、そうした、もうちょっと人道的な支援もできるような、そういう象徴《しょうちょう》的な女優になりたいなあという気持ちはすごく持っていたし、そういうことが可能な世界だと思ってはいたので。まあ、たまたま、最初のほうの作品に恵まれただけなのかもしれませんけれども。

そういう希望が叶《かな》えられないんでしょうかねえ。どうなんですかね。

「『悟《さと》りを開いていないと入《はい》れない』というのはすごく厳しい」

栩坂　「スピリチュアルなものにも興味がある」というお話を聞いたことがあるのですが……。

能年玲奈守護霊　はい、ええ、ええ、ええ。そうだし、実際、私、そういう「いい世界」っていうか、「きれいな世界」の方（天使や女神《めがみ》）は降りてくる体質なんです。一方、そうでないほうは、あんまり寄ってこない体質なんですよ。

だから、（「きれいな世界」とのつながりを）護りたいなとは思ってるんです。いろんな演技をやっていくと、そういう護っているものが破れてきて、いろいろなものが「憑依《ひょうい》型」で入ってくるようになるので。そういうわけには、どうしてもいかないのでね。そうなんですよ。

栩坂　今、ニュースター・プロダクションでは、「君のまなざし」というスピリチュアルな映画も製作しているんですけれども……（製作総指揮・大川隆法。二〇一七年五月より全国公開）。

能年玲奈守護霊　ええ、ええ、ええ。伺っています。

栩坂　あっ、ありがとうございます。何か、「今後、こういう映画に出たい」という思いとか……。

能年玲奈守護霊　いやあ、「出たい、出たい」って何回も言ってるんですよ。（守護霊として）来て言ってるんですけども。ねえ？　おたくさんも、すごく選考レベルが厳しいらしくて、そんな簡単には受け付けてくれないので。何か、「悟《さと》りを開いていないと入《はい》れない」んですって？

松本　いいえ、そんなことはございませんけれども。ただ、「悟りを求めていること」は大事です。

能年玲奈守護霊　何か、それはきつい。芸能界で「悟りを開いていないと入れない」っていうのは、そうとう厳しいハードルになるので。それは厳しいですよ。いや、私は何か、そう聞きましたよ。いろいろな芸能人の方の「守護霊霊言《れいげん》」とか出してるけども、大川先生の近くにいる秘書の方々とかが、うーん、この前、結《けっ》婚《こん》された北川景子《きたがわけいこ》さん……、「たとえ、北川景子であろうと、武井咲《たけいえみ》であろうと、やってきたところで、三帰誓願《さんきせいがん》していなければ一歩たりとも入《い》れない」とか、秘書の方々が言ってるのを私は聞きました。うわーっ、すっごい厳しい。「先生がた『会いたい』と言っても、絶対、入れない」と言ってるのを見て、「これは大変なところだな」と。これ、ある意味で、レプロと逆かもしれないけど（会場笑）、「すっごい厳しい。こんなところに入れるかしら。ここに入って、演技ができるかしら」って思う。まあ、ちょっと怖《こわ》いですね。

私、「ホットロード」で〝暴走族仲間〟に入ってしまったから、もう、「過去の経歴に傷がついてる」と、これで、はねられちゃうんじゃないかと思って恐《おそ》ろしい。

## ＮＳＰの願いを聞き、「所属したい」と語る能年玲奈守護霊

松本　先ほどおっしゃいました、「多くの人たちに、夢や希望を与えたい」とか、「恵まれない人たちを助けていきたい」とか、そういう心を持っている人たちに、ＮＳＰ（ニュースター・プロダクション）に入ってきてほしいという願いを、私た

●三帰誓願　「仏《ぶっ》（仏陀）」「法《ぽう》（仏陀の説く教え）」「僧《そう》（僧団）」の三宝《さんぽう》に帰依《きえ》する誓いを立てること。幸福の科学の会員のなかで、三帰誓願をし、仏の教えの下《もと》に、世のため人のため、人助けのために活動することを天命として生きる信者を三帰信者と呼ぶ。

ちは持っているんですね。

能年玲奈守護霊　いや、「入ってきてほしい」という波動《はどう》が、あまり感じられないんですよね。

松本　あっ、そうですか（苦笑）。

能年玲奈守護霊　何か、「できるだけ入れたくない」みたいな感じを受けるんですよねえ。どうなの？　〝純粋培養《じゅんすいばいよう》〟なんですか？　何か、そんな感じ、「信者さんのなかから、選《え》りすぐりの方だけで、才能がある方を選《よ》って選って選って育てようとしておられる」っていう感じ、「できるだけ手垢《てあか》がついていない人がいい」っていう感じに見えるんですけど。

松本　いや、そうとは限っておりません。ただ、私たちは、「魂《たましい》の美しさ」というものを、たいへん大切にしていますので。

能年玲奈守護霊　本当に？

松本　はい。「魂の美しさ」というもの……。もちろん、芸能界には、いろいろな方がいらっしゃって結構なんですけれども、他のプロダクションと同じことをやってもしょうがないわけですね。

ですから、ＮＳＰは、芸能界の「闇《やみ》」の部分に合わせるのではなくて、むしろ、芸能界そのものを浄化《じょうか》していくことができるように、美しい心を持って、「世の中のためになりたい。人のためになりたい」という人たちが集まって、力を合わせて、芸能界そのものに貢献《こうけん》していければなと考えています。

能年玲奈守護霊　それならいいんですけど。頑張《がんば》ってください。もっと力を持ってくれればいいんですけど。

何か、「〝駆《か》け込《こ》み寺〟になる」とか言ってるけど、「私も入れて」って言っても、「いや、ちょっと待ってくれ」って、やっぱり、すぐ言われるので（苦笑）。「もう富美加《ふみか》さん一人で大変なので、ちょっと待ってくれ」みたいな感じの（苦笑）。私だって、もう所属したいですよ。

松本　はい。ああ……。

能年玲奈守護霊　入れてくれるんなら入って、そういう天使的な仕事とか、いろいろあるんだったら、やりたいですよ。

松本　そうですね。「その方の魂や、その方の個性を大切にする」というのが、本当にＮＳＰの大切なところですので。

能年玲奈守護霊　レプロから二人入るのを、ちょっと嫌《いや》がってるんでしょう、たぶんね。

私、富美加さんのあれでいいんです。何て言うの？　富美加さんの前を、雑巾《ぞうきん》がけして歩くような役でも構わないので。あるいは、「（富美加さんが）お姫様《ひめさま》をされて、私は女中《じょちゅう》さん」とか。何か、そんなのでもいいんですけど。

## 8　芸能プロダクションに潜《ひそ》む「闇《やみ》」

### 「レプロ」に見る、芸能界の「レトロ」な体質とは

能年玲奈守護霊　もう、レプロをそんなに怖《こわ》がらないでくださいよ。レプロじゃなくて、あれ、「レトロ」なんですよ。〝レトロプロダクション〟なので、もう本当に、芸能界のいちばん古い体質を引きずっていて。

芸能界にだって、もうちょっとまともな、開かれてるところはたぶんあると思うんですけど、移籍《いせき》さえできないので。

松本　そうですね。

能年玲奈守護霊　完全に干《ほ》されて、今、声優で、何とか、まだ女優として生き延びようと頑張《がんば》ってるところなんですよねえ。

松本　確かに、「おかしいことを『おかしい』と言えない。ものが言えない。本名も名乗れない」というのは異常な世界ですよね。

ただ、芸能界には、そういう面だけがあるのではなくて、本当にいい人たちもいらっしゃいます。「能年さんの周りにも、心優《こころやさ》しい、いい方々がいて、一生懸命《いっしょうけんめい》、支えてくださった」というようにも聞いています。

やはり、そうした「希望」の部分もずいぶんありますので、そういう方々とも力を合わせて、何とか、悪いもの、悪い因習《いんしゅう》は、先ほど、「古い体質」「レトロ」とおっしゃいましたけれども、もういいかげんに壊《こわ》して、もっと芸能界そのものを浄化《じょうか》していければなと、私たちも願っています。

能年玲奈守護霊　うーん。まあ、そんなに、何て言うか、「汚《よご》れ役みたいなのをしなければプロじゃない」みたいな、そういうのばっかりでも、おかしいんじゃないでしょうかね。

それは、ディズニーのなかにも、悪い魔法《まほう》使いが出てきたりはしますけども。でも、一般《いっぱん》的には、全体的に、子供たちの夢を失わせないようには努力なさってるでしょう。だから、そういう世界はあっていいんじゃないかと思うんですよねえ。

やっぱり、映画とかドラマとかでも、ある程度、それを観《み》ることで、「世の中がよくなっていく」んならいいけど、最近のテレビドラマとか、いろんなものを観ても、だいたい、世の中が悪くなっていってるところばっかり、いっぱい描《えが》き出していて。確かに、社会問題を指摘《してき》してるのはそのとおりなんだけど、何か、「心が暗くなっていく」ようなものばっかりが多いんですよねえ。

例えば、清水富美加《しみずふみか》さんの報道をなされても、そのあとに、「どこそこの中学生が自殺した」みたいなことをやっていて、「いじめによって自殺した」なんて言ってますが、「あなたがたも、今、いじめをやってるでしょう?」っていうところが、やっぱりありますからねえ。そのへんは、ちょっと不思議な感覚が得られますね。だから、私みたいな者でよかったら、どこかでお手伝いさせていただけたら、本当にうれしいんだけど。

## 〝ヤクザ事務所〟の〝裏の連帯〟がある？

能年玲奈守護霊　ほかの事務所は、勇気がないっていうか、怖がってしまって。もう何か、みんな、「レプロっていうのはヤクザだ」と思ってるみたいで。周りには、ほかにも〝ヤクザ事務所〟がいっぱいあるのかもしれませんけども。

ちょっと、〝裏の連帯〟があるんです。組合はないんですが、裏のほうの連帯があるんです。だからねえ、私なんかを使うと、監督《かんとく》さんにも勇気が要《い》るんですよ。「声優で使うだけでも勇気が要る」っていうぐらいの感じで。ほかの仕事を陰湿《いんしつ》に切ってきますからね。邪魔《じゃま》したりするので。そういうあれがあるので。

でも、まあ、〝蓋《ふた》が開《あ》いて〟きて、みんなが見れば、やっぱり、感じは分かるんじゃないですか。「どちらがどうか」っていうことぐらいは分かるし、清水富美加さんも今まで評判がすごくよかったので。撮影《さつえい》現場やいろんなところでも、きっと評判はよかったと思うので。

「『あの優等生がこうなる』っていうのは、何か横槍《よこやり》が入った。入れ知恵《ぢえ》された」ということで、たぶん、会社は〝事故に遭《あ》った〟みたいな感じにしたいんだろうと思うんですよねえ。

松本　まあ、本当に、あの会社は、「自分たちのせいではなくて、役者のせいだ」ということを強調するんですね。能年さんのときにも、「何か変な人に洗脳されたんだ」ということを吹聴《ふいちょう》したりとか、そういうことをしました。

能年玲奈守護霊　ああ、ええ、ええ、ええ。

松本　ただ、それは、結局、ご本人のことを丁寧《ていねい》に考えていないだけのこと、あるいは、もう奴隷《どれい》的に扱《あつか》っているだけのことだと思うんです。

また、そうした事務所のやり方をかばう人もいます。最近、清水富美加さんの件に関しても、いろいろな芸能人の方々、芸能界の大御所《おおごしょ》の方々が発言されているのを聞くと、清水さんの受けた待遇《たいぐう》や置かれている状況《じょうきょう》について、「それは、もう当然だ」とか、「スタッフやスポンサーに迷惑《めいわく》をかけていいと思うのか。病気だろうが、ドクターストップがかかっていようが、仕事をやれ！」というようなことを言うわけですよ。

あれは、本当に、自殺した電通《でんつう》の若い女性社員の、上司の言い分と同じだと思うんです。

能年玲奈守護霊　うん、うん。

松本　ところが、それに対してテレビで非難していたはずの人たちが、今度は、自分たちの芸能界のことになると、電通の上司と同じことを言うわけです。

今、芸能界のなかの、そうした「闇《やみ》」の部分と、「いや、そうじゃなくて、きちんと本人のことを考えてあげなくちゃいけないんじゃないか」という意見を言う人たち、つまり「光」の部分とが、本当にテレビのなかで戦っているような印象を受けます。

能年玲奈守護霊　だから、私みたいに、映画なんかの演技で、「キスをするのも拒《きょ》否《ひ》する」なんていうのは、もう本当に〝異端者《いたんしゃ》〟なんでしょう？　「こんなもの、朝飯前《あさめし》じゃないか。何人《なんにん》とでもキスしろ」っていうぐらいの意見なんでしょう？　みなさんね。

まあ、「〝本番〟を映す」っていうのは、女優としては少しランクが落ちるかもしれないけども、「限りなく、それに近づいていくのが本物だ」っていう言い方なんでしょうけどもねえ。

でも、やっぱり嫌《いや》じゃないですか。嫌なものは嫌なので。

松本　そうですね。いろいろな考え方の人が、きちんと仕事ができる世界であってほしいですよね。

能年玲奈守護霊　だって、子供たちがね、やっぱり憧《あこが》れてもいい存在でなきゃいけないから。そういうふうに「公《おおやけ》の扱い」をされるっていうことは、やっぱり、自分も心のなかで律していかなきゃいけない面もあるので。

いや、厳しいですね。そういう意味では、社会勉強のところは、なかなか追いつかないですけどねえ。

「幸福の科学の布教《ふきょう》活動は正々堂々の陣《じん》で、洗脳ではない」

松本　まあ、NSPは、ある意味で、そういったことを一切《いっさい》気にせずに、「本来、正しいこと」「本来、あるべき姿」を求めていますので、何も恐《おそ》れずにやっています。

能年玲奈守護霊　うーん……、恐れていらっしゃるように思うんですけどね（笑）。

松本　ああ、そうですか（苦笑）。

能年玲奈守護霊　どうですか？「何も恐れず」っていうのは、どうも信用できないなあ。そうではないように思うんですけどね。どうですかねえ？

だって、幸福の科学を「怖くない」と思ってるマスコミなんかないですよ。みんな怖がっているのに、その幸福の科学で、ずいぶん〝控《ひか》えめ〟でいらっしゃるように思うので。

私なんか、組織がなくて、一人でやって……、まあ、あと一人ぐらい、メンター（精神的指導者）の方はいらしたけど、「それに洗脳された」とずいぶん言われて、あれですけども。

幸福の科学なんか、「布教《ふきょう》活動」をやってるんであって、これは「洗脳」ではありませんので。本をいっぱい出されて、講演会をやられて、内容を全部、公開してやっておられる。これは、宗教として正々堂々の陣《じん》で伝道されているんであって、こんなの、洗脳じゃありません。

いや、これが洗脳だったら、テレビの報道だって洗脳だし、芸能事務所なんか、もっと洗脳してますけども。

だから、これは洗脳じゃありませんので、もっと自信を持っていかれたらいいんじゃないかと思うし、むしろ、そのなかの「あるべき姿」を、やっぱり言うべきなんじゃないかなと思いますけどねえ。

松本　いや、本当にそうですね。

「芸能事務所」と「マスコミ」の持ちつ持たれつの関係とは？

綾織　先ほども、少し話に出ましたけれども、能年さんの経験では、「自分の所属している芸能事務所が、いろいろなことをマスコミにリークすることによって、『洗脳されている』とか、『演出家に囲われている』とか、かなり一方的な報道が延々と行われた」ということでした。

能年玲奈守護霊　それを流すのはねえ、事務所なんですよ。事務所がネタを……。あなたがたは、「ちゃんと労働管理すべきだ」とおっしゃるし、それも大事なんですけど、でも、同時に情報をいっぱい握《にぎ》ってるから、「それを流すぞ」という脅《おど》しをかけて、実際、流すわけですね。特定のメディアを通じて流して、書かせて、それに飛びつかせて、それで言うことをきかせようとするわけね。あるいは、もう、「出ていくんなら完全に叩《たた》き潰《つぶ》す」という感じでやるわけなんですよねえ。

綾織　はい。結局、このあたりの、「芸能事務所」と「マスコミ」との持ちつ持たれつの関係が、能年さんのような方とか、清水さんのような方を、ある意味で、次々と生んでいく構造になってしまっているんですよね。

能年玲奈守護霊　だから、弁護士みたいな方でも、テレビに出たりするのに、芸能事務所と契約《けいやく》を結んでるぐらいですからね。出演するのにねえ。

そういう意味で、非常に何て言うか、うーん……、そこが〝扉《とびら》〟というか、〝キー〟みたいな感じで、そこを通さずしては、コメンテーターでもそう簡単に出られるものではないんですよねえ。そのへんを知らずに、みんな聞いてるでしょう?

綾織　ええ。

能年玲奈守護霊　いろんな弁護士が話したりしてるのを観て、「ああ、公正中立な法律家の意見かなあ」と思ったら、ちゃあんと事務所がついてるんですよ。みんな、登録してるんですよね。

綾織　そうですね。

能年玲奈守護霊　その方が、芸能事務所寄りの意見を言ってらっしゃるんですよ。知らないです、一般の方は、そんなことね。

綾織　ただ、良心ある人のなかには、それをかいくぐって、少しずつ意見を言う方もいて、例えば、清水さんの件については、「やはり、本人のことも考えてあげないといけない。働く条件、環境《かんきょう》としては、そうとうひどかったんじゃないか」ということを、チラチラとおっしゃっている方もいらっしゃいます。

能年玲奈守護霊　いや、会社のほうは、でも、違《ちが》うんですよね。「もっとひどいやつが、いっぱいいるじゃないか。だから、おまえなんかいいほうだ」と。きっと、こういうふうに考えてるわけなんですよね。

綾織　（苦笑）そうですね。

松本　昨今《さっこん》も、「働き方改革」とか、「最低賃金」のこととかが言われたりしていまして、人権のあり方や仕事の仕方が、一昔《ひとむかし》前とは、もうずいぶん変わりつつあるなかで、芸能界というのは、本当に「江戸《えど》時代のまま残っている」ようにも感じるんですけれどもね。

能年玲奈守護霊　いや、「五万円で当然だ」と言ってる人は、いっぱいいらっしゃるでしょう?　それで、「ほかのアルバイトをしながらでも続けていって、役どころを取って偉《えら》くなる。これが本当であって、そんな五万円がどうしたの?　何のもんだ」っていう感じでしょう?

「おまえなんか、もうちょっと上がったんだろう。それなら、もう十分じゃないか」みたいな感じで。そんな〝お上《かみ》〟の財布《さいふ》……、まあ、お上じゃないけども、「会社の財布の中身なんか知らんでよろしい」っていうような考えなんでしょう?

「売れない俳優をいっぱい持ってるんだから、それを食わすために、おまえらから巻き上げるのは当然じゃないか。もう、九割搾取《さくしゅ》は当たり前じゃないか」と。だいたい、そういうふうに考えるんですけど、それは本当は、経営が下手《へた》なだけですよね？　本当は、たぶん、経営が下手なんだと思う。だから、そういうふうになるんだと思うんですよ。

## 9　能年玲奈の過去世《かこぜ》はどんな人？

### 「尼《あま》さん」が「あまちゃん」をやった!?

松本　確かに、夢のある若者たちが、夢に向かって、アルバイトをしたり、一生懸《いっしょうけん》命《めい》努力したりして頑張《がんば》るというのは、本当にあることですし、それはいいことだと思います。また、それそのものも経験になるので、やるのは素晴《すば》らしいとは思うんです。

ただ、大人が、若者のそうした純粋《じゅんすい》な夢を利用してというか、悪用してというか、「だから言うことをきけ」というやり方があるわけですよね。

ですから、純粋に夢を追って頑張っている人たちがいるなかで、芸能界のなかで、二つの流れがあるように思います。つまり、「闇《やみ》の流れ」と、「良くしようとする流れ」があるように感じるんですね。

能年さんから見て、そのあたりはどうでしょうか。やっぱり、「光の側《がわ》」といいましょうか、若者たちが夢を実現していけるような方向で頑張ろうという気持ちをお持ちなんでしょうか。

能年玲奈守護霊　うん、そのつもりでいるし、私は、「あまちゃん」に出ましたけども、実際に、「尼さん」だった経験があるので（笑）。

松本　ああ！

能年玲奈守護霊　「尼さんが、『あまちゃん』をやった」というようなところもあるので。

松本　ぜひ、そのあたりを、もう少しお聞かせください。

能年玲奈守護霊　だから、宗教的には、全然縁《えん》がないわけじゃないので。ええ。尼さんが、「あまちゃん」をやったんです。

松本　つまり、今、お語りになっている守護霊様は、過去世《かこぜ》においては、尼様だったと？

能年玲奈守護霊　ああ、そう。尼様なの（笑）。

松本　ああ、尼さんでいらっしゃったんですか（笑）。

能年玲奈守護霊　はい、尼さんですね。

松本　どの時代でいらっしゃるんですか。

能年玲奈守護霊　お釈迦《しゃか》様のときに出家《しゅっけ》修行《しゅぎょう》をしておりまして、みなさまの仲間です。

松本　ああ、そうでしたか。

能年玲奈守護霊　ええ。

綾織　それは、カピラヴァスツ（釈迦族の城）にいらっしゃった方が出家した、その流れのなかのお一人ですか。

能年玲奈守護霊　まあ、尼さんも五百人やそこらはいたと思いますけど、そのなかの一人で、私も修行したことがありますから。

だから、今回、「スターへの道」を「天女《てんにょ》への道」だというふうに思って入ったところがあるので。おたく様がそういう芸能のをやられるんでしたら、もっともっと強く、もっと大きく影響力《えいきょうりょく》を持っていただかないと。これは、うーん、〝救命ボート〟ぐらいにしかなってない（笑）。定員があるんじゃないかと思ったら、乗れないですねえ（笑）。

## 芸能系・芸術系の仕事をしてきた過去世《かこぜ》は？

綾織　今世《こんぜ》、芸能の道に進まれているわけですけれども、これは、過去世《かこぜ》のどういうご経験からなんでしょうか。

能年玲奈守護霊　まあ、私は、あとギリシャ時代に、ヘルメス様にも救っていただ

●ヘルメス　ヘルメスは、ギリシャ神話のオリンポス十二神の一柱とされているが、霊的真実としては、4300年前に「愛」と「発展」の教えを説き、西洋文明の源流となった実在の英雄。地球神エル・カンターレの分身の一人。

いた経験が……。

松本　ヘルメス様のときに？　おお……。

綾織　救っていただいた？

能年玲奈守護霊　うん。助けていただいたことがあるので。

松本　それは、どういうかたちでお会いになったんでしょうか。

能年玲奈守護霊　うーん。というか、戦争とかいろいろあったので、今とちょっと似てると言えば似てるんですけど（笑）。占領《せんりょう》されて、まあ、奴隷《どれい》と言っていいのかどうか知らないけども、そういう捕《つか》まってる状態から解放していただいたような経験もあって。

綾織　ほお。

能年玲奈守護霊　あと、お仕《つか》えしたことがあるので、縁がないわけじゃないんです。だから、幸福の科学さんに対しては、すごく関心は深いんですけども。

綾織　その時代に、芸能のことをされていたんですか。

能年玲奈守護霊　まあ、そうですねえ。

綾織　あっ、そうですか。

能年玲奈守護霊　うん、そういうことですねえ。アフロディーテ様が、演劇とか歌とかを当時やっておられて、まあ、その仲間に入れていただいていたことがあるんですよね。

松本　じゃあ、ヘルメス様のご説法《せっぽう》の前に、何か、みんなに演じて見せたりとか、そんなこともされていたんでしょうか。

能年玲奈守護霊　まあ、芸術的なものと、あと、少し絵が描《か》けたので、そういう、絵を描いたり、室内装飾《そうしょく》等のお手伝いをしたりする仕事もして。

ここ（幸福の科学）の、「指導研修（局）」っていうところでしたっけ？

綾織　はい、あります。

●アフロディーテ　ギリシャ神話のオリンポス十二神の一柱で、愛と美を司《つかさど》る女神。神話では、鍛冶《かじ》の神ヘパイストスの妻とされているが、霊的真実としては、4300年前のギリシャの英雄・ヘルメスの妻であった。

能年玲奈守護霊　中村《なかむら》（益巳《ますみ》常務理事）さんという方がいらっしゃいません？　あの方なんかは、一緒《いっしょ》にやっておられたと思うんですよ。

壁画《へきが》を描いたり、壺《つぼ》の模様を描いたり、カーテンをつくったり、一緒にしていた覚えがあるので。

綾織　ああ、そうなんですか。

松本　まさに、ギリシャの時代の、そうした芸術性を発揮されているわけですね。しかも、身近でいらっしゃったんですね。

能年玲奈守護霊　はい。

松本　ほかの時代にも、ご縁があったことはありましたか。

能年玲奈守護霊　まあ、転生《てんしょう》は幾《いく》つかあるので、あのー、細《こま》かい転生は幾つかあるんですけども。うーん、みなさまがたの記憶《きおく》に残るようなものがあるかどうか。

まあ、そうですねえ。〝いじめ〟を受けるので、あんまりこれは言いづらい……（笑）。遠慮《えんりょ》しないと（笑）。

まあ、いろんな時代に生まれました。比較《ひかく》的、女性の人生が多くて、恵《めぐ》まれておりました。

松本　女性が多いですか。

能年玲奈守護霊　だから、縁のある方はほかにもたくさんいらっしゃるので、そうした縁のある方の時代に生まれていたことはあるんですけども……。あんまり、今は、その程度にしとかないと、よくないんじゃないでしょうかねえ。

綾織　ああ、そうですか。

松本　比較的最近で、芸能系とか芸術系とかにかかわる転生は何かないでしょうか。

能年玲奈守護霊　うーん……、比較的最近だと……。ちょっと、おたく様のニュースター（・プロダクション）の方が今、武井咲《たけいえみ》さんのドラマ（NHK土曜時代劇「忠臣蔵《ちゅうしんぐら》の恋《こい》～四十八人目の忠臣～」）で、何か出ておられますでしょ？

松本　長谷川奈央《はせがわなお》ですね。

能年玲奈守護霊　ああいう、〝武井咲さんのお側役《そばやく》〟みたいなので何かやってるような、あんなような立場あたりは、直前世《ちょくぜんせ》にあるかもしれませんね。「宮中《きゅうちゅう》」じゃなくて「殿中《でんちゅう》」でありましょうけど。

松本　江戸《えど》時代でしょうか。

能年玲奈守護霊　うん、そのあたりはね。まあ、名があるところまで出すのはちょっと難しいかもしれませんけども、ある程度身分の高い方にお仕えしたことはあると思います。

松本　なるほど。

能年玲奈守護霊　それ以外も、ないわけではないけども、〝売り込《こ》み〟に聞こえるから。

松本　いえいえ（笑）。

能年玲奈守護霊　私は、今日は、あんまり、あの、ご遠慮申し上げたいと……。清水富美加《しみずふみか》とは過去世《かこぜ》から縁《えん》があった？

松本　例えば、過去の転生のなかで、清水富美加《しみずふみか》さんとご縁《えん》があったというようなことはございますか。

能年玲奈守護霊　うーん、それはあるでしょうね。

松本　ああ、やはり……。

能年玲奈守護霊　お互《たが》い隠《かく》してるものがありますから、まだ。それはあると思いますね。ええ、あると思います。

松本　ちょっとヒントを教えていただけないでしょうか（笑）。

能年玲奈守護霊　いやあ、でも、連動させると、よくないこともあるんじゃないですか。

松本　差し支《つか》えない範囲《はんい》で結構ですので。

能年玲奈守護霊　まあ、彼女は彼女でしないと。私はもう、かなりダーティーなほうに分類されて、今、蹴落《けお》とされて、這《は》い上がってこようとしてるとこなので。

松本　いえ、いえ、いえ、いえ。私どもは応援《おうえん》しておりますので。

能年玲奈守護霊　私は、「穴」から出ようとしてるところで、彼女はまだ「穴」まで落ちてませんから。まだロープにつながって「上」のほうにいますので、一緒にしないほうがいいと思います。

松本　いえいえ、とんでもないです。応援しております。

能年玲奈守護霊　まあ、ご縁は、何度かあります。一緒に修行したこともあります。

松本　ああ、修行したこともあるんですか。

能年玲奈守護霊　はい。彼女もまだ、本には書かれてないことがあります。私は知っていますが、書かれてないことがあるんです。彼女も遠慮されて言っていないことがありますが、私も、「まだ今は言わないほうが、賢《かしこ》いだろうなあ」と思うことがあります。

松本　なるほど。

能年玲奈守護霊　何て言うか、幸福の科学のサンガ（僧団《そうだん》）っていうのは、すっごく〝壁《かべ》が高い〟ので、その壁を乗り越《こ》えられないですから。できるだけ、そういうふうに言わないのがいいと思います。間違《まちが》ってもですねえ、「豊臣秀吉《とよとみひでよし》の生まれ変わりだ」とか、「織田信長《おだのぶなが》の生まれ変わりだ」みたいなことをねえ、私は言いません。

松本　（笑）

能年玲奈守護霊　そんなことは、とんでもないです。そんなので突破《とっぱ》できるなんていうのは、よっぽどものすごい心臓の強い方だけで、私みたいに、もうすでに、そうとう足蹴《あしげ》にされた人間は、そんなことは絶対に言えません（笑）。「その周辺でウロウロしてた者ぐらいです」ぐらいしか言えないので。

綾織　先ほど、「竜宮界《りゅうぐうかい》」という言葉もありましたが。

能年玲奈守護霊　ああ、そこ、関係あります。それは関係あります。そちらのほうにもつながってます。

綾織　ああ、なるほど。

●竜宮界　湖や海岸線等、水辺《みずべ》の景勝地などとつながっている霊界で、主《おも》に女神が住み、心の清らかさを尊ぶ、美と調和に満たされた世界。美や芸能を司《つかさど》り、女性の生き方を指導している。『永遠の法』『竜宮界の秘密』『玉依姫《たまよりひめ》の霊言』（いずれも幸福の科学出版刊）参照。

能年玲奈守護霊　おっしゃるとおりです。日本神道《しんとう》ではそちらのほうと深くつながりがあります。

まあ、これ、ギリシャのほうともつながりがあるんです。だから、（幸福の科学に）そういう仲間が何人かいるのは知ってるんですけども。でも、言うと、ここも、門が開《あ》くんじゃなくて〝門が閉《と》じる〟傾向《けいこう》があるので。なるべく言わないほうが。

綾織　そうなんですか。

能年玲奈守護霊　ええ、「身分が低ければ低いほど入りやすい」っていうふうに聞いているので。

綾織　なるほど。「しっかりとした方なんだな」というのは理解しました。

能年玲奈守護霊　まあ、いちおう、自分に正直には生きてきたつもりです。だから、「救済」って、一人だけにしないで、もうちょっと「救済の枠《わく》」を開けてくださいよ。

（栩坂に）この方も女優できますよ、きっと。女優にしたら、事務のポストが一つ空《あ》くんじゃないですか。

栩坂　（笑）では、女優さんとして、ニュースター・プロダクションに来ていただいて（笑）。

能年玲奈守護霊　いえ、私なんかもう、事務の練習しなきゃ駄目《だめ》かもしれないので。「字が書けないんじゃないか」と疑われてるほうなんで。

## 「天然キャラ」といえば、どこの星？

栩坂　ちなみに、宇宙人としての魂《たましい》のルーツは、どのような方だったんでしょうか。

能年玲奈守護霊　ああ、宇宙の……。うわあ、厳しいなあ。これは思想診断《しんだん》ですね、何か。

栩坂　（笑）

能年玲奈守護霊　うーん、やっぱり、ここは〝面接試験〟が厳しいねえ。宇宙のかあ……。

せっかく、「のん」になって、今、生き残ろうとしてるところなのに、宇宙まで今度行きますか。まあ、宇宙の物語だったら、宇宙人なら出れるの……。

ああ、私、宇宙人なら出れるかもしれない。コスチュームを着て出れば、宇宙人なら顔は分からないですよねえ。そういうのいいかもしれませんね。

宇宙人か。宇宙人役か……。うーん、宇宙人ならやれるかもしれませんねえ。顔を隠せるもんね。

松本　まずは声優あたりからいかがでしょうか（笑）。

能年玲奈守護霊　（笑）

松本　心の美しい宇宙人の役で、いかがでしょうか。

能年玲奈守護霊　（笑）食べられて、「ギャッ」という悲鳴を出す役とかじゃないんですか。

●ベガ　琴座《ことざ》にある一等星。ベガ星系に住む宇宙人は、相手に合わせて外見を自由に変えることができ、性別は男性、女性、中性が存在する。高度な科学技術と「ヒーリングパワー」を持つ。『ザ・コンタクト』（幸福の科学出版刊）参照。

松本　いえいえ。

能年玲奈守護霊　まあ、宇宙人……、うーん、言っていいのかどうか分からないけど、あのー、不器用だから、あなたがたの言葉でいくと、ベガではないでしょうねえ、きっとね。

松本　では、プレアデス？

能年玲奈守護霊　ということになりましょうかね。

でも、「プレアデス」って言うのも、あんまりよくないんでしょう？　あんまりそれ言うと、やっぱりバリアがきつくなるんでしょう？

●プレアデス　「昴《すばる》」とも呼ばれる、おうし座にある散開星団《さんかいせいだん》。プレアデス星団には、「美」と「愛」と「調和」を重んじ、欧米人に近い体格を持つ人類型宇宙人が住んでいる。彼らは「魔法」や「ヒーリングパワー」が使える。『ザ・コンタクト』（前掲）参照。

松本　いえいえ。ニュースター・プロダクションは、プレアデス系の方は多いですからね。

能年玲奈守護霊　いや、「プレアデス」って言うと、「自惚《うぬぼ》れてる」と言われるって聞いてるんですけど。

松本　そうですか（笑）。

能年玲奈守護霊　やっぱり、火星とか金星あたりに住んでないといけないんじゃないですか。「金星の海で泳いでた」とか、「火星の地中にいた」とか言わないと入《はい》れないんじゃないですか。

松本　（笑）そんなことはないです。素直に正直に生きていただいて結構でございますので。

能年玲奈守護霊　まあ、プレアデス系です。間違いないです。

松本　美の星でいらっしゃいますね。

能年玲奈守護霊　だから、仲間に入れてくれなきゃ、それ以上言わない。

松本　ああ、言わない？（笑）

能年玲奈守護霊　もう言わないですけど。

松本　このあたりは、今後、じっくりと、まあ、仲間になりながらですね。

能年玲奈守護霊　うーん。

松本　一緒にやっていければと思いますけれども。

能年玲奈守護霊　何か役があったらねえ、オファーしてくださいよ。

松本　もう、ぜひ、こちらからもお願いしたいと思います。

能年玲奈守護霊　どんな役があるか知りませんけれども。海に身投げする役とか、そんなのが回ってきて（笑）。

松本　（笑）

能年玲奈守護霊　「あまちゃん」の次は、身投げ役とか、そんなのしかないのかもしれないけど。

松本　いえいえ（笑）。「富美加《ふみか》さんを、ぜひ、助けてあげてください」

松本　「多くの人たちに夢や希望を与《あた》えて、人々の心を救済していきたい」という願いは一緒だということはよく分かりました。

今日は、お忙《いそが》しいなか、本当にありがとうございました。

能年玲奈守護霊　富美加《ふみか》さんを、ぜひ、助けてあげてください。負けないでください。

松本　はい。

能年玲奈守護霊　幸福の科学の力はもっと強いはずです。でも、腰《こし》が引けていたら弱くなると思うので。

松本　はい。

能年玲奈守護霊　マスコミが考えてる「善悪の概念《がいねん》」っていうのは、すごい狭《せま》いものだと思います。「自分たちが迷惑《めいわく》だ」ということを、延々と言ってるだけなんで。

やっぱり、そこで座《すわ》ってる私たちは、卵を産む鶏《にわとり》ではないんです。向こうは、「金網《かなあみ》のなかで、卵を毎日一個産む義務がある鶏として、飼われてるだけ」と思ってるんだと思うけども。外から見ると、私たちは、世の中のいろんな人たちに対して、情報を発信したり、生き方を見られている存在だと思うので。もうちょっと、そういう面について、「自分が責任を持ってる」っていうことを認めていただきたいなあというふうに思ってます。

まあ、生意気《なまいき》な「のん（ノン）」なんです。名前を「イエス」に変えたほうがよろしいんでしょうかね。

いや、本名が使えないって、ひどいですよ。

松本　はい、ひどすぎます。

能年玲奈守護霊　ひどい世界ですよ、こんなのは。聞いたことがないので。ぜひとも、おたくのジャンヌ・ダルク様に、解放をやっていただきたいなと思っております。

松本　はい、しっかりと伝えておきます。

能年玲奈守護霊　はい。

松本　本日は、どうもありがとうございました。

能年玲奈守護霊　はい。ありがとうございました。

# 10　芸能界では「救済行《ぎょう》」が求められている

大川隆法　（手を軽く二回叩《たた》く）いちおう、われわれの仲間の方のようです。なぜ、レプロにこういう方が出てくるのかは知りませんが、まあ、ほかにもいらっしゃるんでしょうね（笑）。

松本　ええ。

大川隆法　（大きなため息をつく）うーん、でも、けっこう早くからこちらへ来られていて、勘《かん》づいてはいました。メディアのほうでいろいろと言われる前あたりから来始めていたので。

松本　そうですか。

大川隆法　一月ごろから来られては、意見をいろいろとおっしゃっていました。まあ、「本来の使命」が果たせないのでしょうね。

松本　ああ。

大川隆法　ですから、この人も、「竜宮界《りゅうぐうかい》」か、あるいはそれ以外のところでも「天使」役か何かを持っている方なのではないかと推定されます。当会の広報陣《じん》では、二人は無理ですか。

松本　（笑）

大川隆法　レスキュー隊のように綱《つな》を垂らして、「二人は無理だから一人だけ。一人は手を離《はな》してくれ」と言わないと上げられないような、まあ、そんなものでしょうかねえ。

松本　いえ、頑張《がんば》ってまいります。

大川隆法　そんな感じに見えますが。

「救済行《ぎょう》をやるなら、しっかりとやってくださいとのことですね。「彼女（栩坂）が女優になれば一つ空《あ》く」とか、すごいことを言っていました。ハハハハハ（笑）。

松本　（笑）

大川隆法　幸福の科学も、なかなか〝敷居《しきい》が高い〟らしいのです。〝敷居が高い〟のだそうで、そう見えるようです。

それは実際にそうでしょう。確かに、そう簡単には外から入れそうに見えないというのは、そのとおりです。

たぶん、応援《おうえん》に来られたのだと理解しています。当会も、脅迫《きょうはく》等に屈《くつ》することなく、組織としての力を上手に発揮したいと思っています。

松本　はい。ありがとうございました。

# あとがき

最近「のん」さんの名前で声優をやり、再び世間の注目を集めている、能年玲奈さんの守護霊による告白本である。

この現代の日本で、本名が使えず、事務所から独立できず、実写映画にも出られない才能ある若手女優が存在し、それを訴え続けても、芸能事務所の持つ闇《やみ》権力が怖《こわ》くて、マスコミも、芸能界もただただ関わりたくないといった事態が打開《だかい》できずにいる。まるでヤクザの「○○組」か、北朝鮮か、といった感じだ。

のんさん、いや能年玲奈さん、あなたも天使の仲間でしょう。芸能界全体を地獄界にさせるわけにはいきません。幸福の科学にも、芸能事務所はあります。悪魔と縁を切りたかったら、そして天国的な映画作《づく》りに参加したいという希望がおありでしたら、是非《ぜひ》、私のところへおいで下さい。お待ちしています。

二〇一七年　二月二十日

幸福《こうふく》の科学《かがく》グループ創始者兼総裁《そうししゃけんそうさい》
ニュースター・プロダクション（株）会長《かいちょう》
大川隆法《おおかわりゅうほう》

『守護霊メッセージ　能年玲奈の告白　「独立」「改名」「レプロ」「清水富美加」』

大川隆法著作関連書籍

『永遠の法』（幸福の科学出版刊）
『ザ・コンタクト』（同右）
『女優・清水富美加の可能性』（同右）
『竜宮界の秘密』（同右）
『玉依姫の霊言』（同右）
『芸能界の「闇」に迫る　レプロ・本間憲社長 守護霊インタビュー』
（幸福の科学広報局 編　同右）
『全部、言っちゃうね。』（千眼美子 著　同右）

守護霊《しゅごれい》メッセージ　能年玲奈《のうねんれな》の告白《こくはく》
「独立《どくりつ》」「改名《かいめい》」「レプロ」「清水富美加《しみずふみか》」

2017年２月21日　初版第１刷

著　者　大川隆法《おおかわりゅうほう》

発行所　幸福の科学出版株式会社
〒107-0052 東京都港区赤坂２丁目10番14号
TEL(03)5573-7700
http://www.irhpress.co.jp/

印刷・製本　株式会社 研文社

落丁・乱丁本はおとりかえいたします

ISBN978-4-86395-882-1 C0095
カバー写真：Evgeny Karandaev/shutterstock.com
本文写真：スポーツニッポン新聞社／時事通信フォト

## 清水富美加の出家の真相に迫る

### 全部、言っちゃうね。

**本名・清水富美加、今日、出家しまする。**

**千眼美子 著**

芸能界のこと、宗教のこと、今までのこと、これからのこと――。今回の出家騒動について、本人にしか語れない本当の気持ちが明かされる。

1,200円

---

### 女優・清水富美加の可能性

**守護霊インタビュー**

**大川隆法 著**

いま「共演したい女優No.1」と言われ、人気急上昇中の清水富美加――。その"愛されキャラ"の奥にある、知られざる素顔と魂の秘密に迫る。

1,400円

---

### 芸能界の「闇」に迫る レプロ・本間憲社長 守護霊インタビュー

**幸福の科学広報局 編**

女優・清水富美加の元所属事務所・レプロの不都合な真実とは？「時代錯誤の労働環境」や「従属システム」の驚くべき実態が白日のもとに。

1,400円

---

※表示価格は本体価格（税別）です。

## 大川隆法霊言シリーズ・人気の秘密を探る

# 時間よ、止まれ。

### 女優・武井咲とその時代

国民的美少女から超人気女優に急成長する、武井咲を徹底分析。多くの人に愛される秘訣と女優としての可能性を探る。前世はあの世界的大女優!?

1,400円

---

# 「神秘の時」の刻み方

### 女優・深田恭子 守護霊インタビュー

人気女優・深田恭子の神秘的な美しさには、どんな秘密が隠されているのか？ 彼女の演技観、結婚観から魂のルーツまで、守護霊が語り明かす。

1,400円

---

# 魅せる技術

### 女優・菅野美穂 守護霊メッセージ

どんな役も変幻自在に演じる演技派女優・菅野美穂――。人を惹きつける秘訣や堺雅人との結婚秘話など、その知られざる素顔を守護霊が明かす。

1,400円

大川隆法 霊言シリーズ・**人気の秘密を探る**

## 女優・北川景子 人気の秘密

「知的オーラ」「一日9 食でも太らない」など、美人女優・北川景子の秘密に迫る。そのスピリチュアルな人生観も明らかに。過去世は、日本が誇る絶世の美女!?

1,400円

## 景気をよくする人気女優 綾瀬はるかの成功術

自然体で愛される――。綾瀬はるかの「天然」の奥にあるものを、スピリチュアル・インタビュー。芸能界には「宇宙のパワー」が流れている?

1,400円

## 俳優・星野源 守護霊メッセージ 「君は、35歳童貞男を演じられるか。」

ドラマ「逃げ恥」で人気急上昇!
非イケメンの意外なモテ術とは。俳優、ミュージシャン、文筆家とマルチに活躍する才能をスピリチュアル分析。

1,400円

※表示価格は本体価格(税別)です。

## 大川隆法シリーズ・**最新刊**

# 仕事ができるとは どういうことなのか

無駄仕事を止め、「目に見える成果」を出す。一人ひとりが「経営者の目」を持つ秘訣や「嫌われる勇気」の意外な落とし穴など、発展する智慧が満載！

1,500円

# 映画「沈黙―サイレンス―」にみる「信仰と踏み絵」

## スコセッシ監督守護霊とのスピリチュアル対話

命が助かるなら、踏み絵を踏むべきか？　遠藤周作の小説をもとに、ハリウッドの巨匠が描いた「神への不信」と「日本への偏見」。その問題点を検証する。

1,400円

# 正しい供養　まちがった供養

## 愛するひとを天国に導く方法

「戒名」「自然葬」など、間違いの多い現代の先祖供養には要注意！　死後のさまざまな実例を紹介しつつ、故人も子孫も幸福になるための供養を解説。

1,500円

大川隆法「法シリーズ」・**最新刊**

# 伝道の法

法シリーズ
第23作

## 人生の「真実」に目覚める時

人生の悩みや苦しみは
どうしたら解決できるのか。
世界の争いや憎しみは
どうしたらなくなるのか。
ここに、ほんとうの「答え」がある。

2,000円

第１章　心の時代を生きる　—— 人生を黄金に変える「心の力」
第２章　魅力ある人となるためには —— 批判する人をもファンに変える力
第３章　人類幸福化の原点　—— 宗教心、信仰心は、なぜ大事なのか
第４章　時代を変える奇跡の力
—— 危機の時代を乗り越える「宗教」と「政治」
第５章　慈悲の力に目覚めるためには
—— 一人でも多くの人に愛の心を届けたい
第６章　信じられる世界へ —— あなたにも、世界を幸福に変える「光」がある

幸福の科学出版

※表示価格は本体価格（税別）です。

夏のあの日。
思い返せばわかることだった。
君のまなざしは、
すべて知っていたのだと――
君のまなざし
製作総指揮・原案／大川隆法
梅崎快人 水月ゆうこ 大川宏洋 手塚理美 黒沢年雄（特別出演） 黒田アーサー 日向丈 長谷川奈央 合香美希 春宮みずき
監督／赤羽博 総合プロデューサー・脚本／大川宏洋 音楽／水澤有一 製作・企画／ニュースター・プロダクション 制作プロダクション／ジャンゴフィルム
配給／日活 配給協力／東京テアトル ©2017 NEW STAR PRODUCTION
2017年 5月 ROADSHOW
kimimana-movie.jp
NIKKATSU

# Welcome to Happy Science!

## 幸福の科学グループ紹介

「一人ひとりを幸福にし、世界を明るく照らしたい」──。
その理想を目指し、幸福の科学グループは宗教を根本《こんぽん》にしながら、
幅広い分野で活動を続けています。

**宗教活動**

**幸福の科学【happy-science.jp】**

- 支部活動【map.happy-science.jp（支部・精舎へのアクセス）】
- 精舎（研修施設）での研修・祈願【shoja-irh.jp】
- 学生局【03-5457-1773】
- 青年局【03-3535-3310】
- 百歳まで生きる会（シニア層対象）
- シニア・プラン21（生涯現役人生の実現）【03-6384-0778】
- 幸福結婚相談所【happy-science.jp/activity/group/happy-wedding】
- 来世幸福園（霊園）【raise-nasu.kofuku-no-kagaku.or.jp】

**来世幸福セレモニー株式会社【03-6311-7286】**

**株式会社 Earth Innovation【earthinnovation.jp】**

おかげさまで30周年

2016年、幸福の科学は
立宗30周年を迎えました。

**社会貢献**

- ヘレンの会（障害者の活動支援）【helen-hs.net】
- 自殺防止活動【withyou-hs.net】
- 支援活動
  - 一般財団法人
    「いじめから子供を守ろうネットワーク」【03-5719-2170】
  - 犯罪更生者支援

**国際事業**

**Happy Science 海外法人**
【happy-science.org（英語版）】【hans.happy-science.org（中国語簡体字版）】

**教育事業**

学校法人 幸福の科学学園
- 中学校・高等学校（那須本校）【happy-science.ac.jp】
- 関西中学校・高等学校（関西校）【kansai.happy-science.ac.jp】

宗教教育機関
- 仏法真理塾「サクセスNo.1」（信仰教育と学業修行）【03-5750-0747】
- エンゼルプランV（未就学児信仰教育）【03-5750-0757】
- ネバー・マインド（不登校児支援）【hs-nevermind.org】
  - ユー・アー・エンゼル！運動（障害児支援）【you-are-angel.org】

高等宗教研究機関
- ハッピー・サイエンス・ユニバーシティ（HSU）【happy-science.university】

**政治活動**

幸福実現党【hr-party.jp】
- <機関紙>「幸福実現NEWS」
- <出版> 書籍・DVDなどの発刊
- 若者向け政治サイト【truthyouth.jp】

HS政経塾【hs-seikei.happy-science.jp】

**出版 メディア 関連事業**

幸福の科学の内部向け経典の発刊

幸福の科学の月刊小冊子【info.happy-science.jp/magazine】

幸福の科学出版株式会社【irhpress.co.jp】
- 書籍・CD・DVD・BDなどの発刊
- <映画>「UFO学園の秘密」【ufo-academy.com】ほか８作
- <オピニオン誌>「ザ・リバティ」【the-liberty.com】
- <女性誌>「アー・ユー・ハッピー？」【are-you-happy.com】
- <書店> ブックスフューチャー【booksfuture.com】
- <広告代理店> 株式会社メディア・フューチャー

メディア文化事業
- <ネット番組>「THE FACT」【youtube.com/user/theFACTtvChannel】
- <ラジオ>「天使のモーニングコール」【tenshi-call.com】

スター養成部（芸能人材の育成）【03-5793-1773】

ニュースター・プロダクション株式会社【newstar-pro.com】

## 幸福の科学グループ事業

# ハッピー・サイエンス・ユニバーシティ

Happy Science University

ハッピー・サイエンス・ユニバーシティ(HSU)は、大川隆法総裁が設立された「現代の松下村塾」であり、「日本発の本格私学」です。

### 学部のご案内

**人間幸福学部**

**経営成功学部**

**未来産業学部**

**未来創造学部**

政治家やジャーナリスト、俳優・タレント、映画監督・脚本家などのクリエーター人材を育てます。 ※

※キャンパスは東京がメインとなり、2年制の短期特進課程も新設します(4年制の1年次は千葉です)。

**住所** 〒299-4325 千葉県長生郡長生村一松丙 4427　**TEL** 0475-32-7770

# ニュースター・プロダクション

NEW STAR PRODUCTION

ニュースター・プロダクション(株)は、新時代の"美しさ"を創造する芸能プロダクションです。2016年3月には、映画「天使に"アイム・ファイン"」を公開。2017年5月には、ニュースター・プロダクション企画の映画「君のまなざし」を公開予定です。

**公式サイト** newstarpro.co.jp

# 幸福実現党

党の機関紙「幸福実現NEWS」

内憂外患《ないゆうがいかん》の国難に立ち向かうべく、2009年5月に幸福実現党を立党しました。創立者である大川隆法党総裁の精神的指導のもと、宗教だけでは解決できない問題に取り組み、幸福を具体化するための力になっています。

幸福実現党 釈量子サイト
**shaku-ryoko.net**

Twitter
**釈量子@shakuryoko**で検索

## 若者向け政治サイト「TRUTH YOUTH」

若者目線で政治を考えるサイト。現役大学生を中心にしたライターが、雇用問題や消費税率の引き上げ、マイナンバー制度などの身近なテーマから、政治についてオピニオンを発信します。

**truthyouth.jp**

## 幸福実現党 党員募集中

### あなたも幸福を実現する政治に参画しませんか

○ 幸福実現党の理念と綱領、政策に賛同する18歳以上の方なら、どなたでも党員になることができます。
○ 党員の期間は、党費（年額 一般党員5,000円、学生党員2,000円）を入金された日から1年間となります。

### 党員になると

党員限定の機関紙が送付されます（学生党員の方にはメールにてお送りします）。申込書は、下記、幸福実現党公式サイトでダウンロードできます。

住所 **〒107-0052**
**東京都港区赤坂2-10-8 6階**
**幸福実現党本部**

TEL **03-6441-0754**
FAX **03-6441-0764**
公式サイト **hr-party.jp**

# 入会のご案内

## あなたも、幸福の科学に集い、ほんとうの幸福を見つけてみませんか?

幸福の科学では、大川隆法総裁が説く仏法真理をもとに、
「どうすれば幸福になれるのか、また、
他の人を幸福にできるのか」を学び、実践しています。

### 入会

大川隆法総裁の教えを信じ、学ぼうとする方なら、どなたでも入会できます。入会された方には、『入会版「正心法語」』が授与されます。(入会の奉納は1,000円目安です)

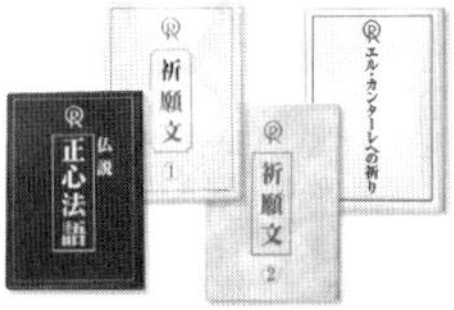

### 三帰《さんき》誓願《せいがん》

仏弟子としてさらに信仰を深めたい方は、仏・法・僧の三宝への帰依を誓う「三帰誓願式」を受けることができます。三帰誓願者には、『仏説・正心法語』『祈願文①』『祈願文②』『エル・カンターレへの祈り』が授与されます。

## ネットからも入会できます

ネット入会すると、ネット上にマイページが開設され、
マイページを通して入会後の信仰生活をサポートします。

**01 幸福の科学の入会案内ページにアクセス**

**happy-science.jp/joinus**

**02 申込画面で必要事項を入力**

※初回のみ1,000円目安の植福(布施)が必要となります。

**ネット入会すると……**

●入会版『正心法語』が、ダウンロードできる。
●毎月の幸福の科学の活動トピックが動画で観れる。

INFORMATION

**幸福の科学サービスセンター**
**TEL. 03-5793-1727** (受付時間 火~金:10~20時/土・日・祝日:10~18時)
幸福の科学 公式サイト **happy-science.jp**